书山有路勤为径，优质资源伴你行
注册世纪波学院会员，享精品图书增值服务

结构思考力

（全新升级版）

李忠秋·著

电子工业出版社
Publishing House of Electronics Industry
北京·BEIJING

图书在版编目（CIP）数据

结构思考力：全新升级版 / 李忠秋著. —北京：电子工业出版社，2022.5
ISBN 978-7-121-43044-2

Ⅰ. ①结… Ⅱ. ①李… Ⅲ. ①企业管理 Ⅳ.①F272

中国版本图书馆 CIP 数据核字（2022）第 035470 号

责任编辑：杨洪军
印　　刷：三河市鑫金马印装有限公司
装　　订：三河市鑫金马印装有限公司
出版发行：电子工业出版社
　　　　　北京市海淀区万寿路 173 信箱　邮编 100036
开　　本：720×1000　1/16　印张：15.5　字数：211 千字
版　　次：2014 年 9 月第 1 版
　　　　　2022 年 5 月第 2 版
印　　次：2025 年 9 月第 32 次印刷
定　　价：69.00 元

凡所购买电子工业出版社图书有缺损问题，请向购买书店调换。若书店售缺，请与本社发行部联系，联系及邮购电话：（010）88254888，88258888。

质量投诉请发邮件至 zlts@phei.com.cn，盗版侵权举报请发邮件至 dbqq@phei.com.cn。

本书咨询联系方式：（010）88254199，sjb@phei.com.cn。

10 周年纪念版前言

新十年 新思维 新力量

很高兴有机会将这本《结构思考力》10 周年纪念版呈现给读者。自 2014 年 9 月第 1 版发行以来，经过 2021 年的全新升级，直至今日的 10 周年纪念版，本书已累计印刷近百次，销量超过 30 万册。

从一个人、一本书、一门课开始，经过 10 年的不懈追求，结构思考力正逐渐被更多人所认知和掌握，并开始对更多人产生积极影响。

在过去的 10 年中，结构思考力研究中心始终致力于通过线下、线上或二者结合的方式，采用传递知识、组织训练、鼓励输出等多种学习途径，促进学员将所学知识应用于实践。同时，我们以学员的问题为核心，鼓励学员之间通过结构化的思考来解决实际问题。

一、源起：三个契机让我发现结构思考力的奥妙，并开始专注于此领域

一路走来，我之所以意识到"提升思考力比获取知识更重要"，是因为有三个契机。

第一，个人成长经历对我产生了深远的影响。我曾是一名典型的

"小镇做题家"，20多年前考入大学，离开了家乡。那时，我发现自己与来自大城市的同龄人在状态上存在差异。经过多年的教育研究，我逐渐明白，这种差异主要体现在处理问题的思维方式上。实事求是地讲，小城镇的教育条件相对落后，学生主要依赖刻苦学习和死记硬背来吸收知识，缺乏一个培养思辨能力的客观环境。相比之下，城市拥有丰富的学习资源，除了课堂学习，还有社会实践、学科竞赛等活动，这些都极大地提升了学生的逻辑性和解决问题的能力。

第二，高校工作给我带来了深刻的触动。2006年毕业后，我成为一名大学老师，负责招生和就业指导。我每天都会收到许多咨询求助，发现学生普遍对自己的专业或职业方向感到迷茫，不清楚自己未来能做什么、适合做什么。我开始意识到，这些学生从小到大习惯了被动接受安排，正在逐渐丧失独立收集信息和做出判断的能力，这在中国年轻人中已成为一种普遍现象。

第三，学员的反馈也给了我极大的启发。2010年，我进入企业培训咨询行业，最初并没有特别重视"结构思考力"。我开设这门课程的初衷，是为了帮助学员快速整理工作方案，形成总结报告，并能够清晰地表达。然而，到了2014年年底，这门课程的学员已接近10万人，大家普遍反映，这门课程不仅教授了知识和技能，更重要的是传递了一种思维方式。

此外，国内教育界近年来也加强了对思维技能提升的研究。北京师范大学中国教育创新研究院在2018年发布了"21世纪核心素养5C模型"，涵盖了文化理解与传承、审辨思维、创新、沟通、合作五个维度。这些声音让我开始重视"思辨"的力量，并直接促使结构思考力研究中心将"改善国人思维"作为使命——做思想的启迪者，而非知识的搬运工。

二、中国企业组织沟通效率低下，原因是缺乏系统的思考能力训练

美国著名的未来学家约翰·奈斯比特曾指出："未来的竞争是管理的竞争，竞争的焦点在于每个社会组织内部成员之间及其与外部组织的有效沟通上。"这表明，企业内部及对外部的沟通能力，是决定企业竞争力的关键因素。

一项调查显示，企业中员工和中层管理者花费在内部沟通上的时间，大约占其工作时间的 40%~50%，而高层管理者的这一比例可能更高。然而，现实情况往往不尽如人意。

首先，从组织层面来看，企业沟通成本高、效率低下，严重影响了企业的正常运营。

第一，公司上传下达不清晰，导致工作偏离方向。在公司管理中，信息传达时常不到位或不够准确，造成工作任务下达和实施过程中目标方向的偏移，使得工作无法取得预期成果。

第二，缺乏统一的沟通语言，导致跨部门沟通效率低下。在公司管理过程中，管理者和员工常常因为与其他部门沟通不畅而感到苦恼，这阻碍了工作的顺利开展。

第三，对外沟通不专业，对公司形象和竞争力产生了负面影响。在向客户进行方案汇报时，我们发现有价值的信息尚未收集完整，问题的具体原因也未完全明确，更不用说提出解决方案和汇报详细的推进计划了。这种状况导致客户对公司的专业性产生怀疑。

其次，从个人层面来看，个体缺乏系统的思考能力训练，是导致组织沟通效率低下的根本原因。

第一，想不清楚。考虑问题不全面，从而使工作无从下手。具体表现如下：

1. 考虑问题不全面。管理者认为员工缺乏对工作的深入思考，仅停留于表面，面对客户提出的创新解决方案更是感到迷茫，无从下手。

2. 工作无从下手。管理者在管理岗位上常感困惑，面对问题不知如何解决，思绪混乱，渴望迅速出结果却苦于找不到有效的解题思路。

第二，写不到位。工作方案多依赖于经验和主观判断。具体表现如下：

1. 工作方案缺乏科学分析。员工和管理者提交的分析材料常缺乏实质性分析，多为凭经验做出的决策，思维僵化，多年工作下来未形成系统的方法论。

2. 文字表达方面存在堆砌、逻辑混乱的问题。长篇累牍的PPT报告和冗长的讲解，虽信息量大，却让人难以抓住重点，导致听众反应冷淡，会场一片寂静。

第三，说不明白。汇报工作时只会罗列，没有效果。具体表现如下：

1. 汇报工作时只会罗列。会议中，部分人员易陷入细节之中，难以对讨论问题进行全面清晰的思考，视野狭窄，无法把握全局。

2. 汇报工作时没有效果。例如，下属紧急汇报："领导，公司现在遇到紧急情况，客户情绪激动，一边录像，一边要说法……"然而，汇报内容杂乱无章，让人难以迅速理解并判断需要提供的帮助。

三、结构思考力助力企业，改善人才思维，提升组织沟通效能

针对上述问题，我们历经10年的不懈努力，通过持续的开发与迭代升级，成功构建了包含两门课程在内的体系："结构思考力®思考清晰、表达有力"与"结构思考力®问题解决与创新"。这一体系从"思考表达"到"问题解决"，旨在首先帮助学员形成严谨的结构化思考与

表达习惯，进而提高他们分析问题的能力，寻找根因，并最终找到具有创新性的解决方案。

值得一提的是，"结构思考力®思考清晰、表达有力"这门课程不仅是整个体系的基石，也是我们自 2014 年结构思考力研究中心成立以来，一直坚持打磨的核心课程。本书内容正是基于这门课程的精华提炼而成的。结构思考力作为一种方法论，对于企业而言，能够显著改善员工的逻辑思维能力，提升组织的沟通效率。具体而言，其带来的收益包括但不限于：

首先，帮助个人，实现思考清晰、表达有力的目标。

1. 提升逻辑思考能力。通过培养严谨的思考习惯，使个人在面临任务和问题时能够从多个侧面进行全面清晰的思考。

2. 提升书面写作能力。在书面表达中，确保观点更加明确，结构更加严密，表达更为清晰且有说服力。

3. 提升口头表达能力。在口头表达中，注重效率和效果，使他人能更好地理解并记忆自己的观点。

其次，帮助企业，提升组织沟通和管理效率。

1. 提升上传下达效率。确保上传下达的信息更加明确、清晰，从而有效提升组织的管理效率。

2. 提升组织沟通效率。通过建立共同的思维和语言平台，促进成员间的顺畅交流，提高组织的整体沟通效率。

3. 提升公司竞争力。通过高效的沟通，给客户及合作伙伴留下良好的印象，提升公司的整体形象和市场竞争力。

此外，我们也正逐步深入不同的行业与岗位，相继推出针对细分领域的定制应用课程，如指导工程技术人员如何更有效地撰写技术报告、销售人员如何提出更具专业性的销售提案，以及管理者如何精准地进行经营分析等，旨在构建一个全方位、多层次的产品体系。截至目前，"结构思考力®思考清晰、表达有力"课程已成功为包括中国移动、华为、阿里巴巴、工商银行等在内的超过 3000 家企业提供了培训服务。

从整体战略视角审视，我们在研发这一系列课程之初，就确定了三个"硬指标"：场景化、成果化、通俗化。步入 2024 年，我们更是将这三个指标进一步精练并提升为一个最核心的指标——"实效"。实效，即追求简单、直接且高效，紧密围绕企业面临的实际问题，不仅助力企业提升能力，更确保直接转化为可量化的绩效与业务成果。

必须承认，思维能力的训练与提升确实较为抽象。为了使其更具实践性和可见性，我们采取了场景导入的方式，为每个知识点精心设计了相应的业务情境，如工作汇报、商务谈判、项目管理等，以此引导学员运用结构化思考工具，直击具体场景下的实际问题。在此基础上，我们采用了"一步一练"的教学设计，确保每讲解一个步骤后，学员都能立即进行实践操作，最终在课程现场直接产出实战成果。整个过程中，我们致力于将所有理论与方法以通俗易懂的方式展现，力求让学员能够"一听就懂，拿来即用"。

此外，我们还发现了一个有趣的现象：在众多员工规模庞大的大型企业中，"结构思考力"往往被作为全员轮训的课程。这一现象表明，轮训的目标已超越了对单一群体思维能力的提升，而是将其视为一种组织语言，旨在通过统一思维方式来强化组织内部的协调与管理，进而提升整个组织的沟通与管理效能。

四、结构思考力为少年儿童思维教育助力

自 2016 年起，我们开始着手于一系列公益项目，历经两年努力，成功研发出一套面向少儿的课程，并捐赠给了上海的"真爱梦想"公益基金会。在过去的数年间，这套公益课程广泛惠及了超过 800 所小学、2000 余名小学教师以及多达 13 万名的小学生。这一成果让我深感振奋，内心充满了难以言喻的成就感。

回顾这段历程，我深刻体会到其中的艰辛与不易。整整四个学期，我们的研发团队几乎每学期都会前往北京师范大学附属小学进行实地授课，以此不断迭代和完善课程内容。老师们的付出完全是出于公益之心，未掺杂任何商业利益，我们的整个团队亦是如此。正是这份对改善国人思维方式的执着追求，让我找到了个人的使命感和价值感，同时也激励着整个团队找到了共同的意义与价值所在。

五、结构思考力为广大职场人士改善思维助力

在前文中，我们提到"结构思考力"的培训课程主要在 500 强等大型企业中进行，很多个人并未有机会接受系统的学习。这也正是我在 2014 年决定将课程的核心内容毫无保留地写成本书的原因，我希望通过文字的传播，将结构思考力的理念传递给更多的人。

除了《结构思考力》一书，在过往的 10 年里，我还陆续出版了《透过结构看世界》《结构思考力Ⅱ——透过结构看问题解决》《结构表达力》《结构学习力》《结构化工作法》等多部著作。这些作品共同构建了一个相对完整且符合中国企业和中国人思维特点的结构思考力训练体系。我期待这套体系能够持续不断地得到完善和迭代，最终成为一个学科，从而帮助更多的职场人士提升他们的思考能力。

新十年、新思维、新力量！这本 10 周年纪念版，标志着我们下一个 10 年的新起点。我们将继续秉承"真诚、实效、热爱"的价值观，以"成为世界级实效企业思维培训品牌"为愿景，以"改善国人思维，

提升企业沟通效能"为使命，持续不懈地努力。

我坚信"不忘初心，方得始终"。我希望通过对结构思考力的深入研究和实践，帮助每个个体、每个组织掌握结构思考力，为提升国人的思考力和中国企业的核心竞争力贡献自己的一份力量。

最后，我要向广大读者朋友表达我的感谢。自从本书第 1 版在 2014 年发行以来，你们的支持让我更加坚定地投身于这项事业，你们的反馈也让我更加清晰地明确了这一版的写作方向。虽然本书的基础理论依然围绕结构思考力展开，但对逻辑结构进行了一些细微的调整，最显著的变化是从第 1 版的五章增加到了这一版的九章，目的是帮助更多读者更深入地理解结构思考力。

李忠秋

目　录

第一部分

结构思考力的核心理念

结构思考力的核心理念是应用结构化思维底层逻辑进行思考、表达和解决问题。本书运用了符合中国企业及中国人特点的表述方式，对结构思维进行诠释。结构思考力在结构化思维的基础上，融合了设计思维、逻辑思维、批判性思维等多种思维方式，从思维底层弥补了中国传统思维模式、结构思维方式的不足，从个体、组织和全民的层面为思维加分。

◄◄ 一、对个体而言，结构思考力既是基础能力，又是加分能力

无论你做什么工作，都要把事情想清楚、说明白并能够令人信服，其中的"说"既包含口头表达，也包含文字表达。结构思考力的应用无处不在，只是很多人仅仅是在潜意识层面不自觉地在使用，但通过系统的训练，我们可以做到"隐性思维显性化"，更好地使用这种思维方式指导自己做到思考清晰、表达有力。

例如，售前咨询顾问（部分企业称为售前工程师、售前顾问、产品顾问等）的工作是为客户提供业务诊断和方案设计，包括从项目调研到准备项目建议书并向客户陈述等工作内容。能否基于客户的需求提供对客户有价值的项目方案，并说服客户接受自己的方案、产品和服务，成为项目能否继续进行的关键因素之一。结构思考力能够帮助售前咨询顾问准确地分析问题，提出解决方案并有效地进行演示，因此结构思考力是售前咨询顾问所必备的能力。有很多专业岗位对于结构思考力的要求都很高，如企业内训师、产品经理、文案人员、营销人员等涉及口头表达或文字表达的岗位。

1955 年，罗伯特·卡茨在《哈佛商业评论》上发表了一篇名为"高效管理者的三大技能"的文章。他认为，高效管理者应当具备三种基本技能：技术性（Technical）技能、人际性（Human）技能和概念性（Conceptual）

技能。概念性技能是指对复杂情况进行抽象和概念化的技能。它是管理者以整体视角看待企业的能力，即把企业视作一个整体的全局把握能力。它决定着企业的总体成功，在管理过程中起着统一和协调的重要作用，而且级别越高的管理者需要的概念性技能越强。结构思考力是概念性技能中最关键的技能。掌握结构思考力的管理者在面对工作任务或难题时能从多个角度进行思考，深刻分析问题出现的原因，系统制定行动方案，并采取恰当的手段使工作高效开展，取得高绩效。

结构思考力不仅是一个高效的信息传递过程，更体现了人们分析问题和解决问题的能力。很多学员课后分享说，原来以为报告写不好是文笔问题、PPT 做不好是技巧问题，学完"结构思考力"后发现，真正的原因在于分析问题的逻辑结构不清。尤其在工作中，与领导之间基于解决问题而产生的沟通，不仅体现了一个人能力的强弱，也影响了在日常工作中能否获得老板对自己的认可，更是助力自己职业发展的重要保障。

◄◄ 二、对组织而言，结构思考力通过统一标准提升整个组织的工作效率

（一）结构思考力可以统一思考和表达的标准

结构思考力除提升员工能力外，更大的价值在于对组织总体效率的提高。"你这个分析好像不'结构'啊！"全员接受过"结构思考力"训练的企业的会议室常传出这句话。目前，接受过结构思考力课程培训的很多企业是全员轮训或者全体中层干部轮训，这样做的目的不是因为这个课程有多高深，而是要在所有人都具备结构思考力后，以明确企业内部的共同思维和语言标准。

（二）结构思考力可以提升整个组织的管理效率

当所有人的思维、语言一致时，工作效率和效果都会有很大提升。"通过对结构思考力的学习，公司骨干员工的总结报告写得更加有条理，而且内部沟通的效率有了大幅度提升。这样的课程，我们想在企业内全面推广。"一位企业培训负责人在培训后如此评价。一些企业已经开始尝试着从企业文化的角度让这种思考和表达方式变成全员的工作习惯。例如，一家企业课后在所有管理者的门上都贴了这样三句话："汇报工作说结果，检讨工作说流程，请示工作说方案。"在所有员工掌握结构思考力技能的同时，企业通过组织文化的建立，让全员都达成统一的思考和表达标准，大大提高了工作效率。这也是越来越多企业选择全员轮训，并在课后深入落地的原因。

（三）在中国企业里尤其需要结构思考力

结构思考力是一种"先总后分"的思考与表达方式，强调先框架后细节，先总结后具体，先结论后原因，先重要后次要。而中国传统思考与表达更倾向于"先分后总"，也就是先将所有的细节及逻辑叙述完毕，最后总结出中心思想。所以，中国企业更加需要推广"先总后分"的结构思考与表达，这对提升解决问题的速度、提高沟通的效率和效果都会有巨大好处。

◄◄ 三、对全民而言，结构思考力对国民素质的提升有着非凡的意义

（一）传统教育缺乏对思考力的专门训练

在过去的几年里，我们将结构思考力这一理念传递给了数万名中

国企业职业人，他们给我的反馈是："结构思考力不但是组织全员的必备技能，更应该是全民需要提升的素质。"在这样一个信息爆炸的时代，随着技术的变革，信息和知识的获取变得越来越容易，传统教育则过度强调知识的重要性，而知识的增多并不一定会提升个人解决问题的能力。在具备知识的基础上，我们还需要清晰的思考。而在重知识、轻思维的教育体系下，很多人必然在面临问题时思绪混乱。

（二）结构思考力有助于提升国民素质

结构思考力帮助人们面对问题和任务时，从多个侧面清晰、全面地审视问题。之前一提到思维，很多人都认为我讲的是"逻辑"。逻辑确实是思维的重要组成部分，按照著名思维训练专家德博诺先生的观点，逻辑是思维的加工阶段，加工阶段之前还有一个更重要的阶段——理解阶段。人们往往在未全面理解情况的基础上，就迫不及待地进入思维加工阶段。虽然逻辑正确，却很难得出有价值的结论，就如同给计算机输入了错误的信息，计算机的程序再正确也得不出正确的结果。因此，本书区别于其他思维类图书，不仅关注加工阶段，更关注理解阶段，帮助人们有意识地运用"结构"将注意力导向一个尽可能宽广的范围。本书不仅会帮助读者运用结构思考力的方式构建自己在思考问题和表达问题时的结构，而且提供了很多现有的思考"结构"作为参考，真正让读者做到思考清晰、表达有力。我们希望更多的人可以运用此方法学会清晰、全面地审视生活与工作，它不但可以提高国民个人的生活质量和工作效率，还可以大大提升国民的整体素质。

在这一部分，我们将介绍结构思考力作为一种底层思维方式，具有洞悉结构、突破结构和驾驭结构的非凡作用。

第一章

结构思考力，作用非凡

第一节 **洞悉：万事万物，皆有结构**

◂◂ 一、结构是万物之本

大到宇宙星系，小到颗粒尘埃，无论是高楼大厦、动物与植物、机器与网络、思想与观念、人与社会，任何事物都有其特定的结构，都是通过其特定的结构来体现其存在的价值和意义的。

我们很难想象没有结构的世界会是什么样的。在《科学与艺术中的结构》一书中，作者引用了路易斯·卡特尔笔下的场景，来诠释如果没有结构我们所处的环境：

所有的鞋子——

船只和封蜡——

所有的卷心菜和国王们——

大海为何沸浪盈天——

猪猡是否也生有双翼。

在物质世界，人们通过结构来认识物质。结构构成了世界，人们不断地通过对事物结构的认识来加深对事物的了解和体验。例如，发现原子的过程，从最开始的"原子不可再分"观念到蛋糕式无核模型、行星式有核模型、量子化原子结构模型，再到中子假说等；原子的质量集中在原子核上，但是原子核的体积仅占原子体积的几千亿分之一；原子内部有一个很大的空间，若将原子比作一个庞大的体育场，那原子核只相当于一只蚂蚁；核外电子只能在限定的轨道内绕核运转，按照能量高低而距离核远近不同。人们通过对原子内部结构的不断认知，终于发现原来这么小的原子跟宇宙的美也是统一的。

再举个我们身边的例子。俗话说，"外行看热闹，内行看门道"。内行与外行的差别就在于，是否具备这个行业的思维结构。例如，我们听音乐只能听出好听不好听，但专业人士就能听出和声、旋律、节奏、音长、音强等。因为音乐本身是通过声音长短强弱有规律的不同组合形成节奏的，而节奏是音乐的基础结构，再加上音高的不同组合就形成了旋律。旋律再加上音质的不同组合又形成了和声。这些要素层层组合构成了整个音乐的结构，所以专业人士不仅能听出好听不好听，还能品味出无限的美感。

显然，人们对各个领域的结构进行了广泛的科学研究。结构存在于每个整体与局部关系的无穷变化中，每个局部表现整体，而局部的意义又由整体来决定。

那么，物质结构和思维结构有什么联系呢？最本质的联系是，人类的思维源于大脑的运作，而大脑在物质层面是由不同物质构成的，这些物质特定的排列、组合、连接、作用，共同形成了大脑——人类的思维中枢。

⏮ 二、结构也是思维的根本

如果深入人们的心理、行为，就会发现结构也无处不在：由欲望产生需求，由需求产生动机，由动机产生行为等，这些形成了心理活动的结构。就人们认识事物而言，由感性认识到理性认识，再由理性认识回到实践中去，人们在此循环往复的过程中形成各自的思维定式。按照学习型组织理论大师彼得·圣吉的理论，要创建学习型组织，就要完善自己的思维定式，而这首先要剖析思维定式的结构。

在认识物质结构及其构建的心理结构后，我想通过一个小游戏让你跟我一起感受一下结构在思维中的作用。江苏卫视有一档叫《最强大脑》的节目非常火爆，里面大部分选手的记忆力好到令人发指，甚至让人怀疑怎么做到的。接下来我们也进行一个最强大脑的挑战，挑战一下你的记忆力。在图1-1中有10个符号，给你10秒的时间，看是否可以记住它们。

图 1-1　10 个符号

好！现在合上书，回忆一下这10个符号分别是什么。

在线下的培训课上，我每次让学员做这个游戏时都会出现很多情况。有人按照顺序，一个一个去记，觉得有点难；有人分门别类，按照横、竖、人、口四类去记，觉得挺简单；有人隐约发现，这些符号看似某种笔画或偏旁部首。

　　总之，如果只有这 10 个符号，就算一个一个去记，也是有可能记得住的，只是有点难。

　　接下来我换一个问题：请把这两个字（见图 1-2）给忘掉，你能忘得掉吗？

世界

图 1-2　"世界"两个字

　　你会说："这两个字我从小就认识，怎么可能忘掉？"没错。那请你感受一下，前一张图片和这一张图片有什么不同？

　　首先内容是一样的，都有相同的笔画。那么，什么是不同的呢？没错，这些笔的排列规则不同，前后顺序不同，换句话说，它们彼此间的结构是不同的。

　　所以，我们会发现，当同样的内容运用不同的结构传递给对方的时候，对方记忆的黏性是完全不同的。大家回忆一下，在日常工作中有没有遇到过这种情况：一个人到你的办公室想找你说件事，拉着你的手说呀说，说了 10 分钟，但你无论如何都不知道他说的是什么。而另一个人跟你说了三句话，你不但知道他说的是什么，而且能记住他的观点，更可怕的是，你还被他说服了。差别就在于，说话的人在思考和表达的时候结构是否清晰。

　　所以，从物质基础看，记忆和思维的发生基于的是人类大脑物质层次的"实体结构"；从思维效果看，思考和表达的效率不同，则基于的是人类思考的"逻辑结构"。

第二节　突破：冲出枷锁，重塑结构

◄◄ 一、思维定式造就思维惯性

请观察这张图片（见图 1-3），然后回答一个问题。

图 1-3　一张图片

你在这张图片中看到了什么？

　　有人说：我看到了一个女人，她扶着门，正在掩面哭泣。

　　有人说：我也看到了一个女人，她确实在扶着门，但是她没有哭，而是在掩面偷笑。

　　有人说：我看到床上躺着一个男人，他可能喝醉了，女人看到他喝醉了特别生气。

　　有人说：男人可能病入膏肓了，女人非常伤心。

　　还有人说：男人是不是已经不在了，女人非常绝望。

　　……

　　这里大家的脑洞都很大，但我们不探讨脑洞，而探讨另一件事：这张图片背后的事实有几个？只有一个。但是，为什么我们看到的是不一样的呢？其实，我们看到的不是真正的事实，而是我们过往的人生经验从这张图片投射出来的状态。如果我们思考一下，就会发现一个可怕的事实，那就是当依赖思维定式、思维习惯快速得到一个答案的时候，我们也禁锢了我们的思维和想法，让我们无法看到更多的方面，产生更多的想法。在图 1-3 所示的图片中，如果一旦感觉这个女人在哭泣，就很难意识到除了哭泣，她还可能在笑、在揉眼睛、在羞愧、在惋惜等。

　　由此，我们就解释了思维定式究竟是什么：它是指我们心中关于我们自己、别人、组织和周围世界每个层面的假设、形象和故事，并深受习惯思维、定式思维、已有知识的局限。

　　思维定式具有以下特点：

　　1. 每个人都具有思维定式。

　　2. 思维定式决定了我们观察事物的视角和做出的相关结论。

　　3. 思维定式是指导我们思考和行动的方式。

　　4. 思维定式让我们将自己的推论视为事实。

　　5. 思维定式往往是不完善的、有缺陷的。

　　6. 思维定式影响着我们的行为结果，并不断强化。

　　7. 思维定式不会轻易改变。

　　思维定式形成的过程是从人的幼儿时期开始的，而且对人的思维定式的影响很大，甚至对人的一生都起决定性的作用。人们分析问题采用的思考结构，决定了人们看待问题的视角。思考结构将人们的注意力吸引到问题的一些方面，同时也淡化了问题的另一些方面，让其隐藏于人们的视线之外。而这种思考结构往往是隐性地存在于人们的思维定式中的，潜移默化地影响着人们的思考和决策。

请再思考一个简单的问题：如果让你把一个正方形（见图 1-4）分成四等分，你有什么方法？

图 1-4　一个正方形

我相信绝大多数人都可以在短时间内至少给出四个答案：一横一竖、连接对角线、三横和三竖（见图 1-5）。

图 1-5　划分四等分的四个答案

那么，还有没有其他方法？例如，利用三角形、利用旋转、利用折现，甚至曲线？（见图 1-6）

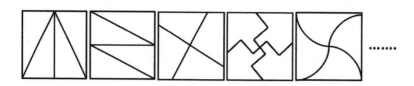

图 1-6　划分四等分的其他方法

如果再努力思考一下，你可能会发现，要等分这个正方形有无数种方法。当从新的视角发现这些方法之后，你就会豁然开朗，看到一个有无穷无尽可能性的新世界。从冥思苦想到豁然开朗，这个过程就是改变看待问题视角和改善思考结构的过程。

◄◄ 二、思维惯性，造成路径依赖

路径依赖，主要是指人们当下的决策往往受制于过去的经验，即便过去的经验已经不再适用，甚至已经开始造成负面影响。

举个例子。大家应该都坐过火车，在现代社会中，全球主要的铁路网两根铁轨之间的距离都是 1435 毫米，这个距离是英国人史蒂芬森在修建曼彻斯特—利物浦铁路的时候制定的，国际铁路协会在 1937 年将 1435 毫米作为标准轨距。到目前为止，全球超过 60%的铁路使用的都是标准轨距。

那么，你能否猜到，为什么这个距离是 1435 毫米呢？这个数字并不是史蒂芬森拍脑袋决定的、发明的，而是和马车有关。当时在铁轨上跑的车厢是马车制造商制造的，传统的马车车轮之间的距离就是 1435 毫米。

事到如今，全球所有工程师都非常确定，如果能够合理增加轨距，既能增加火车运行的稳定性，也能大大提高铁路的运输效率，但是在路径依赖这个因素的限制下，这种变革想要快速发生的可能性微乎其微。毕竟想要改造全球超过 60%、个别国家超过 90%的铁路网，付出的成本实在太过高昂了。

因为我们过往的一些习惯和经验形成了固有的思考结构，形成了特有的"路径依赖"：它有时可以帮助我们快速把问题"解决掉"，但有时也会禁锢我们的想法。所以我们会发现，我们经常所说的"这是从工程师角度看问题""那是从财务人员角度看问题"，都有不同的角度在里面。

因此，当面临一个问题时，如果可以从结构的视角去审视和思考，我们一定可以看得更全面、更清晰。

◄◄ 三、结构思考力打破原有思维框架，规避路径依赖

在知晓思维惯性对思考的禁锢后，我们可以借助结构思考力，去打破原有的思维框架，形成更加完善的思维习惯。

让我们一起来思考这样一个问题：如何把 200 毫升的水倒入 100 毫升的杯子里？（见图 1-7）事先声明，这不是一个脑筋急转弯的问题，而是一个真正需要解决的问题。

如何把200毫升的水倒入100毫升的杯子里？

图 1-7　如何把 200 毫升的水倒入 100 毫升的杯子里？

想到答案了吗？在以往的培训课上，很多学员都会七嘴八舌地抢着回答。有人说喝一半再倒，有人说换个杯子，当然，也有人给出了标准答案："把水冻成冰。"这个答案你想到了吗？没错，这是这个问题的标准答案之一。而我们此处的重点不仅是找到答案，而且要找到分析问题的思维过程。那么，为什么 200 毫升的水不能倒入 100 毫升的杯子里？换句话说，为什么 200 毫升的水倒入 100 毫升的杯子里会流出来？

有人说：这还不简单？因为杯子小嘛，而且杯子又不像气球一样具备张力，无法随着水的增多而变大。

杯子小，水就一定会流出来吗？还有别的原因吗？有，因为地球

有引力。

杯子小、地球有引力，水就一定会流出来吗？还有别的原因吗？有，因为水是液体。

现在先做个总结，水之所以会流出来，无外乎三个原因：一是杯子本身，如杯子太小或没有张力；二是外部环境，如地球有引力；三是水本身，如水是液体，会流动。

由此，可以将杯子、外部环境、水这三个因素视为分析这个问题的一个结构，根据这个结构，不仅可以把问题想全面，而且可以分析清楚。如果从这三个因素来分析，我们就会发现很容易找到多种答案。例如，针对杯子的解决方案是换个大杯子，或者换一个有张力的杯子，但这里假设不让换。如果从外部环境来分析，那么可以把水和杯子拿到太空。这样有可能解决问题吗？理论上是有可能的，但这样做的成本太高了。如果从水这个因素来分析，把水从液体变为固体——冻成冰，就可以解决问题了。

在找到结构之前，难道就没有解决方案了吗？当然不是，每个人基于自己过往的人生阅历，或多或少都会有答案，不过只是一些零散的、碎片化的答案而已。在找到一个结构后，我们才有可能从全局视角，把一个问题想得既全面又清晰。在解决"如何把 200 毫升的水倒入 100 毫升的杯子里"这个问题时所运用的思考方式或者工具，叫作金字塔结构图（见图 1-8）。

金字塔结构图因其形状像金字塔而得名。在这个结构图中，最重要的是被称为"中心思想"的部分。它指的是你当前面临的一个需要解决的问题。例如，"如何把 200 毫升的水倒入 100 毫升的杯子里"，就是你面临的一个要解决的问题。基于这个问题，你可以逐层向下展开。

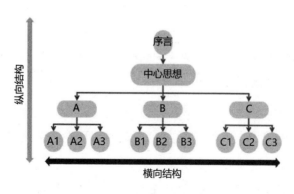

图 1-8　金字塔结构图

在这个结构图中有两个子结构，一个是横向结构。它指的是你对一件事情所能想到的广度。仍以"如何把 200 毫升的水倒入 100 毫升的杯子里"这个问题为例。影响这个问题的因素就三个：杯子、外部环境、水。在日常的工作和生活中，有的人特别擅长横向思考，这样的人有什么特点？思维发散，点子多，大家遇到事情时特别喜欢问他，他一拍脑门就能说出三个点子。但是，如果你针对某个点子再问他怎么解决，他就不知道了。一般擅长横向思考的人的思维特别宏观，但往往不够具体和深入。

另一个是纵向结构。它指的是你对一件事情所能想到的深入程度。仍以"如何把 200 毫升的水倒入 100 毫升的杯子里"这个问题为例。你想到可以把水冻成冰，接下来你就要想一想具体该怎么冻了。那些擅长纵向思考的人可能会想，怎么冻得好看，怎么冻得省钱。但这类人很难想到，除了这个解决方案，还有哪些其他方案。是否从杯子和外部环境这两个因素中也能找到解决方案？

不管是横向思考还是纵向思考，都是单一的线性思考方式，归根结底，这都是思维惯性、路径依赖造成的。而结构思考是一种先总后分的立体化思维方式，它既能帮助你在横向上想得全面，又能帮助你在纵向上想得足够深入和具体，从而帮助你打破原有思维框架，规避路径依赖。

第三节　驾驭：三个层次，应用结构

在上一节"如何把 200 毫升的水倒入 100 毫升的杯子里"这个问题中，当尝试用结构化的方式去梳理它时，你就找到了杯子、外部环境和水这样一个结构。基于这个结构，你得出了新的解决方案。

解决问题的时候，我们都会经历三个步骤，这三个步骤对应结构思考力的三层次模型（见图 1-9）。

图 1-9　结构思考力的三层次模型

第一步，明确自己遇到了什么问题，知道自己对这个问题原本是怎么思考的，只有知道原来的思考方式，才能够调整它。

第二步，用科学的方法重新梳理思路，自己想清楚、想全面，从而针对问题做出有效的决策。

第三步，保证解决方案可以顺利实施，并让更多的人看到，这是一个向内或向外呈现的环节。

解决问题是这样的，沟通表达也是这样的。试想一下，当我们接收一段信息或者表达一个想法时，如果我们不知道信息的本质或者想法的结构，怎么可能把它说清楚呢？最好的方法是，在向外输出之前，看看信息的本质或想法的结构是否清晰？如果不清晰，我们就使用方法和手段让它变得清晰，便于我们的表达，利于输出或沉淀。在结构清晰之后，想要表达好，有一个特别好的选择，那就是"形象表达"，这就是三层次模型中呈现部分所强调的本质。

所以，三层次模型可以完善思考、表达路径。

- 理解：隐性思维显性化。觉察现有的思维，并且判断它是否清晰。

- 重构：显性思维结构化。如果思维不清晰，就要对它进行重构，梳理清晰。

- 呈现：结构思维形象化。基于清晰的思维，要传递或储存信息，有一个好方法，即形象表达。

本书后面的两个部分都将基于结构思考力三层次模型展开，在了解该模型之后，学习和应用结构思考力的方法，从而彻底掌握结构思考力的精髓。

第二部分

结构思考力的方法

在这一部分，我们介绍结构思考力的方法。

首先，虽然认识到了思考结构的重要性，但是绝大多数人都无意识地选择自己习惯的思考结构去看待问题。所以在理解这个层次上，我们首先分享一些方法教会大家觉察自己和他人的思考结构，然后评估这些思考结构是否符合现在的客观环境，以便将日常生活中不曾留意的思考结构显性化，即做到隐形思维显性化。

其次，通过理解这个层次，我们已经清晰地分析和评估了当前的思考结构，如果当前的思考结构是不健全的或不符合当前客观环境，就要对它进行重构。结构思考力的重构原则和方法非常简单，就是四个字：论、证、类、比。这四字原则会在第二部分进行展开讲解，在第三部分进行实践运用。

最后，在已经重构出新的思考结构后，我们需要运用形象表达的方式呈现出当前的思考结构，从而能够更直观地让自己和对方理解，即做到结构思维形象化。

第二章

理解——隐性思维显性化

俗话说："民以食为天。"现在很多人都自诩"吃货"，把自己喜欢吃的本性暴露出来，感觉是一种比较个性的表达方式。而我也是一个实打实的吃货。作为一个地地道道的中国人，我坚信，中国美食是世界上最好的美食，没有之一。例如，在我最喜欢吃的美食里有一种小笼包，它不仅特别好吃，还引发过我的广泛思考。

怎么回事儿呢？

我先问大家一个问题：你认为什么样的小笼包是好的小笼包呢？这个问题当年有人问过我，我给出的回答是："皮薄""馅儿大""汁多""肉鲜"。我想，你的回答应该和我的回答是类似的，因为我们的民间标准大致还是统一的，大家都非常明确地称其为"皮薄、馅儿大、汁多、肉鲜"。不过，问我问题的那位朋友接着又问了一句：你说皮儿薄，怎么算薄呢？汁多，怎么算多汁呢？馅儿大，怎么算大呢？总之，我们会发现，尽管大家"看似"有一个统一的标准，但具体又说不清楚这个标准究竟是怎么样的，是不能量化的，换句话说，这就叫只能意会不能言传。这是隐性的感受，传达出来的也只能是隐性的信息。

但有个人还真把这事给说清楚了。在上海发生过一件事。一个外国人用一年多的时间，在上海走访了 52 家小笼包馆子。他每到一家馆子，都会从兜里掏出三样东西：一台精确到 0.01 克的电子秤、一把精确到 0.01 毫米的游标卡尺、一把剪刀。他干吗呢？他会分别对这家馆子的小笼包的重量、汤汁的重量、馅料的重量和皮的厚度进行精确的测量，然后用一个公式计算出小笼包的结构工艺。最后他出了一个报告，叫作"上海小笼包索引"。

当然，我不是为了帮他推广报告，而是想跟大家探讨另一件事：这个人在干什么？为什么会做一些让我们感觉不太好理解的事情？经过一番查证我发现，原来他在美国做了二十几年的厨师，现在到中国来做美食评论。此言一出，想必大家和我一样，有一种原来如此、恍然大悟的感觉。这是因为我们一个共识：中餐和西餐的差别很大。

文化差异的本质是思维习惯的差异

举一个简单的例子。例如，我们去学西餐，当问老师加盐加多少时，对方会笃定地告诉我们加几克；而中餐老师大概率会告诉我们加少许或适量，如果继续追问少许或适量的确切含义，中餐老师会微微一笑道"只能意会不能言传"，或者略加责备道"你尝尝不就知道了"。换句话说，我们要经历多次的实践才能感觉少许是多少，适量是多少。而且，这种经验的传承已经在中国持续了几千年。我们可以假想，有一天我们也开餐馆，也收了个徒弟，当徒弟问我们加盐加多少时，我们的回答大概率也是少许或适量。隐性经验是隐性思维的一种体现，是不容易传承的。

不仅中西餐这样，中西医也这样。西医或现代医学源于解剖学，原理很简单，哪里有病治哪里，如果治不好，就换个医生。中国的传统医学则强调系统调理。所以，如果我们追根溯源，东西方在饮食方面、医学方面的差异，其实根植于东西方思维方面的差异。东方思维强调系统性、整体性，西方思维比较强调拆解问题。结构思考力所强调的结构化思维方式，更倾向于西方这种拆解问题的思考方式。

理解是结构思考力的基础，本质是拆分信息找结构

问你一个问题：如何把大象装进冰箱？你或许已经知道答案了：第一步打开冰箱门，第二步把大象装进去，第三步把冰箱门关上。其实，在这个笑话家喻户晓之前，如果采用一个典型的结构化思维方式，在给出答案之前，大概率会问这个问题：你的目的是什么？根据目的的不同，如做肉馅、做标本、给大象降温等，你会展开不同的思考过程。这个思考过程也可以这样拆分：第一步打开冰箱门，第二步把大象装进去，第三步把冰箱门关上。分析完以后你会发现，第一步和第三步没有任何技术含量，唯一的难点就在第二步。如果继续拆解的话，就会展开分析：是冰箱的问题，还是大象的问题，还是装的方式方法的问题。然后继续拆解。最后把一个大问题拆解成多个特别小的点。当这些点中的某一个或某几个被解决后，整个问题就迎刃而解了。

所以，今天我们所讲的结构思考力，是一种遇到问题拆解问题、找底层结构的思维方式，也就是遇到信息拆信息，遇到问题找结构。这两种思维就是结构化思维和系统化思维，两种思维各有利弊。本书所讲的结构思考力已经在某种程度上做到了两者结合，只有两者结合了，才能更好地提升自己。

那么，究竟怎么拆解信息找结构呢？有三个步骤：识别、判断和概括。

结构化接收信息的三步骤：识别、判断和概括

三国时期的诸葛亮以思维缜密而闻名于世，在《三国志·诸葛亮传》中有这样一句话："初，亮在荆州，与元直及汝南孟公威、颍川石广元游学，三人务于精通，而亮独观其大略。"诸葛亮非常聪明，他一读文章就能读出大略，学习时从大处着眼而非拘泥于细节。这是运用结构思考力的典型例子，它强调的是，无论思考和表达都要做到先总后分、先框架后细节、先重要后次要、先结果后原因。我们怎样才能像诸葛亮一样，看事情能看出大略呢？接下来介绍的方法，可以帮助大家清晰地找出对方所传递信息的结构，并有效地概括出核心内容。

在日常工作中，我们接收到杂乱无章信息的场景是很常见的。例如，你是否遇到过这样的场景：领导找你说了一件事，希望你第二天做一个 PPT 汇报给他，他要在大会上发言用。试想，领导一定不会这样说："小张，我明天报告的中心思想是……一共有三个理由支撑这个中心思想，有四个子理由支撑第一个理由，有两个子理由支撑第二个理由……"他可能给你一堆资料和数据，并把他的思路零散地讲给你听。如果想要做出一个符合领导要求的 PPT，就要先通过结构思考力找出它的结构，再把这个结构放到 PPT 里。同样的道理，开完会后，当面对一堆杂乱无章的会议纪要时，我们如何整理出会议成果？方法也是先找出这些内容的结构，结论是什么、要点是什么、次要点是什么，未来将成果汇报给他人时才更加清晰、有说服力。

再如，你去听一个演讲，如果演讲者所讲的结构非常清晰，一开始就非常明确地表述观点，然后逐步证明这个观点，你作为听众会很轻松。然而，如果演讲者的表述杂乱无章，更可怕的是，他的口才特别好，一个半小时的演讲信息量比一般人还要大，这时你就会比较痛苦，因为如何整理演讲的收获将完全说不清楚。

天下之大，为人领导者、为人师者、为人父母者、为人朋友者作为信息的传递者，其思维不结构化的人大有人在，他们的观点往往不明确、要点不清晰，作为接收者的我们就会很痛苦。那么，我们如何像诸葛亮一样一眼看出"大略"呢？本章将教大家一个方法，以便让大家在纷繁复杂的信息中识别关键点，理解核心内容并能够总结清楚，也就是运用结构思考力做到听清楚、说明白。我将这个方法总结为三个步骤：识别、判断、概括。

第一步：识别信息中的事实和观点，确定理由和结论。找出哪些是观点类信息、哪些是事实类信息，观点类信息中哪些是结论、哪些是支撑结论的理由，并将它们区分开。

第二步：判断结论和理由的对应关系，画出结构图。找出结论和理由的对应关系，并依据这些对应关系画出金字塔结构图。

第三步：一句话概括所有内容。接收信息除了在前两步做到能够听清楚，最后还要用一句话概括所有内容，做到说明白。

第一节 识别：信息中的事实和观点，确定理由和结论

◄◄ 一、寻找哪些是事实，哪些是观点

所有信息都可以归为两个类别，一类是事实，另一类是观点。何谓事实？何谓观点？简单地理解就是，事实是客观存在的，是不以人的意志为转移的事物或事物的发展规律；观点是主观认为的，是从一定的立场或角度出发，对事物或问题所持的看法。这只是一种简便的

区分方法，并不符合特定的哲学意涵，不过我们没必要深究，因为简单理解就已经可以很容易找出信息中的事实和观点了。

我们用一个案例来体会一下。《花露水的前世今生》是六神花露水的一则广告。看名字我们就可以大致确定，这是一篇有关"花露水"的广告，并且是梳理历史，因为有"前世"也有"今生"，但具体内容则无法知晓。所以，如果让我们用尽量简短的文字概括清楚，应该怎么做呢？

花露水的前世今生

如果说一个人家里有很多奢侈品，你一定认为他有个了不起的爹。但事实上，很多我们现在习以为常的日用品，在它们刚诞生那会儿，都是不折不扣的奢侈品，例如自行车和电视机，例如花露水。

在 1908 年的上海，有人在唐朝古方的基础上研发出一种原创的香水，但当时还没有名字。于是，大家就到唐诗宋词中去找灵感。有人说，叫"滚滚长江东逝水"太长，叫"黯然销魂水"矫情。这时，有人读出欧阳修的名句"花露重，草烟低，人家帘幕垂"。浪漫的意境和韵味秒杀之前的所有创意，于是，就叫它"花露水"。

在花露水刚刚诞生的年代，绝对是身份和品位的象征。出入十里洋场的旗袍妹子们人手一瓶，如果谁出门不喷点花露水在手帕上，都不好意思跟人家打招呼。不管是去看戏还是搓麻，从旗袍里飘出的淡淡花露水香味，都会令闻道的男人美得找不到北。用完的花露水瓶，就算搬家也是要带着走的。老一辈沪语里说"有点花露水"，就是夸人太有能耐了。

当时的花露水品牌最出名的当属明星和双妹，经典的产品设计就算放到今天看，仍然高端得一塌糊涂。时光如高铁，岁月如动车，中国人的生活越来越国际化，各种进口香水逐渐占据了美女们的梳妆台。

就在花露水险些要被淘汰的时刻，1990年六神花露水横空出世，和过去纯粹走气味路线的花露水不同，六神将中药古方和花露水结合，兼具驱蚊止痒和祛痱提神的作用。

六神花露水中含有一定比例的酒精，而且是食用级的，但它绝非是为饮用而设计的。在我们伟大的中医文化中，以中草药和酒精调配使用称为酒剂。酒精的挥发使得香味四处飘散，更重要的是，它能杀菌消炎、舒筋活络、止痒健肤，令中草药的药物成分效果倍增。酒精在挥发的过程中会从皮肤表面带走热量，再加上六神原液中的薄荷和冰片等药材，会让你感觉无比神清气爽。

传说中某些国家的人民因为信仰问题不能喝酒，偷偷从中国买花露水儿过去解馋。跟这些奇葩相比，在夜店里喝洋酒加绿茶的简直弱爆了。不过传说毕竟是传说，好奇心重的朋友绝对不要轻易尝试，

如今，花露水早已不是白富美的专利，在滴了几滴六神花露水的木桶里洗澡，成为很多孩子心中最惬意的童年记忆。事实上，除了驱蚊止痒，工作累了喷一喷也可以提神醒脑；加入水中也可以给浸泡的衣物消毒；用花露水擦凉席会让整个夏天格外清爽，甚至用来清洁你心爱的iPhone也是不错的。

得益于人民群众的厚爱，六神花露水家族也越来越丰富，发展出不同特点和香型的品种。曾经被网民疯狂追捧的冰莲香型的驱蚊花露水，连那些只消费奢侈品香水的网民，都不

得不臣服于六神无敌天下的性价比。

我们相信，在很多人心中，没有六神花露水的夏天，是不完整的。那文艺而又小清新的味道，正是美好夏天的一部分。这种味道不仅仅意味着立竿见影的奇效，更洋溢着淡然别致的中国式浪漫。当从浮躁中慢下来，透过这些味道，闻到关乎文化和技艺的传承与敬畏时，你就能体会到剔透绿瓶中深沉的情怀。

你会发现，每一个被花露水悉心庇护的夏天，都值得你用心去爱。

按照对事实和观点的简单定义，根据广告中的客观描述和主观臆断，我们可以将所有信息分为两大类：一类是事实，如"名字源于欧阳修的名句""各种高端场合都有应用""六神功效及其背后原理""有其他妙用""品种多样""很多人觉得是美好夏天的一部分"等；另一类是观点，如"花露水和很多日用品一样最开始也是奢侈品""花露水名字拥有浪漫意义，是身份和品位的象征""有六神在场的夏日生活很美好""每一个被花露水庇护的夏天都值得去爱"等。

【提示】关注"结构思考力研究中心"微信公众号，回复"花露水"看视频。

◀◀ 二、确定哪些事实或观点是结论

表达者清晰明确地表达结论非常重要。

我在高校工作时曾参加一次学术会议，会上一位学者的演讲非常精彩，可以明显地感受到他的热情洋溢和博学多才。在演讲的过程中，他引用了很多专家的大量研究成果和他本人的实践经验。然而，很多

人在听他演讲时感到迷惑，既不知道演讲的主要观点是什么，也不知道那么多的研究成果和实践经验跟结论有什么关系。

如果信息接收者想要知道对方想要表达什么，就要明确对方表达的结论。在众多观点中，如何判断哪个观点是对方想要表达的结论呢？结论在结构思考力中也被称为"中心思想"。它首先是一个观点，其次需要被其他观点（理由）或事实支撑，否则就不能称为结论。例如，"一些专家建议，吸烟的求职者在面试时尽力隐瞒这个事实。我认为，所有这些欺骗雇主的建议都是不明智的。隐瞒有什么用呢？因为被雇用以后还是会被发现的。讨厌吸烟的雇主仍可以找一两个借口把隐瞒事实的员工辞退，甚至不用提吸烟两个字。所以，不要试图隐瞒。"作者想要表达什么结论呢？很明显是面试时"不要试图隐瞒"，而其他几个观点都是支撑这个结论的理由。下面给大家分享几个确定"结论"的主要线索。

线索 1：寻找结论的指示词

我们可以通过关注重点的指示词去判断。在接收信息方面，结构思考力除了应用在文字表达上，最主要的还是口头表达上。当客户、同事、上级跟你沟通一件事情或者你听一个演讲时，你可以通过关注重点的指示词去判断，对方想要表达的结论是什么。指示词包括：

- 因此
- 由此可知
- 因此断定
- 显示出
- 告诉我们
- 所以

- 表明
- 由此得出
- 我要说的重点是
- 证明
- 问题的实质是

不是所有人的表达都会包含这些词语，但这些词语确实为我们找出结论提供了简便的方法。

线索 2：关注几个重要的位置

我们要格外关注几个重要的位置，如表达的开头和结尾。如果是文章，还要格外关注段落的开头和结尾。这些都是比较容易呈现结论的地方。例如，在《花露水的前世今生》案例中的结论就出现在段尾——"每一个被花露水悉心庇护的夏天，都值得你用心去爱"。

线索 3：问一问"所以呢"

尝试着问一问"所以呢"。这个小技巧我在培训课上也经常提到。例如，下属向你汇报一件事，因为对方不具备结构思考力，所以就不停地说。这时这个技巧就可以帮你快速地找出他想要表达的结论。你不停地问"所以呢"，是在接收信息的过程中逼着对方去表述结论到底是什么。这个技巧同样适用于特别隐晦的文字内容。在看完这些文字内容后，我们可以尝试着问自己"所以作者想要表达的结论是什么呢"。这个技巧虽好，但不适用于与上级的沟通。当然，如果不怕被炒鱿鱼，你不妨自己试一下。

第二节 判断：结论和理由的对应关系，画出结构图

在我们识别事实观点和结论理由之后，判断结论和理由之间的对应关系就相对简单了，有了关系后，结构图也就容易画出来了。例如，《花露水的前世今生》案例的金字塔结构如图 2-1 所示。

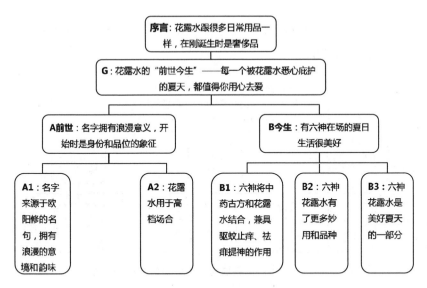

图 2-1　《花露水的前世今生》案例的金字塔结构

判断结论合理与否的前提是，在接收信息时找出对方的结构。例如，一家游戏公司的产品经理跟你说，这个网络游戏产品上线以后一定会非常成功。我们如何判断他说得是否合理？有一种方法是你觉得他说得对，或者觉得他说得不对，这种方法是不可取的。如果想要判断这个人结论的合理性，不能仅局限于他的结论，更要看他用哪些理由来支撑这个结论，以及用哪些数据支撑这些理由，换句话说，要运用结构思考力接收信息的方式找出对方的结构。

在把对方的信息梳理后并依据对应关系画出图，整个结构就非常清晰了（见图 2-2）。结论是"×××产品将成为非常成功的产品"。一级目录的依据分别是"封测、内测数据非常乐观""市场热度非常高""运营准备更加充分"。二级目录是支撑一级目录理由的子理由。例如，支撑数据乐观的子理由包括"激活码抢手""开卡率高""用户留存率高"等。接下来就要看对方提供的具体数据支撑。至此，你要判断对方结论的合理性就可以从两点出发：①看对方提供的事实与数据是否真实。②这些事实与数据是否可以得出相应的理由，相应的理由是否可以得出最终的结论。

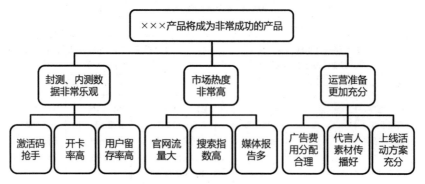

图 2-2 "×××产品将成为非常成功的产品"的结构

结构化接收信息能侧面提高个人的独立思考能力。大家如果经常看港台片就会发现，在法庭上的对峙和辩论，都采用这样的方式。首先从证据入手，看其是否支撑结论；其次如果发现对方做了伪证，那后面根本不用再辩了。同理，当我们和别人讨论问题时，也要先找出结构，再从事实入手。在运用结构思考力接收信息，通过结论、理由和事实的对应关系画出结构图后，我们就可以判断对方结论的合理性，不但听清楚了，还能从侧面提高个人的独立思考能力。

第三节 概括：一句话概括所有内容

为什么我们会要求大家用一句话来概括主要内容呢？这跟麦肯锡的一个著名原理有关，该原理叫"30秒电梯法则"。

据说，有一次麦肯锡的项目小组与客户的总裁开一个项目汇报会。会议一切准备就绪即将开始时，客户的总裁说有急事必须马上离开，于是就邀请麦肯锡的项目小组负责人一起乘坐电梯。在电梯里，项目小组负责人向客户的总裁简要地介绍了项目情况。结果大家可以想象，电梯从上到下也就几十秒的时间，这个负责人就没说清楚这个项目到底是什么，后来也是因为类似的沟通丢掉了跟这个客户合作的机会。之后麦肯锡吸取教训，要求公司所有员工无论在做多么复杂的工作或项目，都要能够用 30 秒（这只是个概数）或一句话把问题说清楚，这就是著名的"30 秒电梯法则"。

想要用一句话概括主要内容的前提，一定是结构非常清晰，换句话说，你给我 3 秒的时间，我就只说中心思想，再多给 10 秒，我就说到一级目录，以此类推。在最短时间内表达的一定是最核心的内容。例如，网上在热议当年马云是如何通过 6 分钟时间说服孙正义为阿里巴巴投资几千万美元的。6 分钟能否说出表达的核心、能否打动对方，对于结论的准确和结构的清晰提出了很高要求。

接下来进入接收信息的最后一步。我们接收信息的最终目的是做到听清楚、说明白。所以，如何能够用一句话把所接收到的信息说明白呢？这里给大家分享一个公式：

在_____的基础上，从_____，_____，_____N个方面，说明了_____。

将《花露水的前世今生》案例套到该公式中是怎样的呢？

在介绍花露水是奢侈品的基础上，从名字拥有浪漫意义，且象征品位的"前世"和有六神在场的夏日生活很美好的"今生"两个方面，说明了每一个被花露水悉心庇护的夏天，都值得你用心去爱。

这个公式的背后是有非常严谨的逻辑的。这个逻辑是什么呢？"在……的基础上"是序言，"从 N 个方面"是一级目录，"说明了……"是结论。所以，知道这个逻辑以后就可以利用这个万能公式帮助大家用一句话轻松概括出一个结构的所有内容。

结构思考力除了是重要信息的传递过程，更是一个人职业化程度的体现。我们建议大家把万能公式写到本子上去套用。当开会轮到你发言时，你怎么说？例如，"在前面几位同事针对新产品营销问题讨论的基础上，我将从价格、渠道和促销三个方面说一下我对这个问题的看法。"接下来，你就分别从这三个方面一一展开表述。当开完会轮到你总结时，你怎么说？"在大家针对新产品营销问题讨论的基础上，我们分别从价格、渠道和促销三个方面得出了最新的问题解决方案，接下来大家按照这三个方面去实施吧。"当运用这种方式表达的时候，你的领导和同事如果没有经过训练，一定不知道这种方式叫作结构化，但一定觉得你特别职业化。换句话说，作为管理者，你也喜欢你的员工在商务沟通场合这样清晰高效的表达。

我们也会要求自己的员工训练结构思考力。例如，我们的一位课程经理提前一天打电话和你简单沟通了关于"结构思考力"课程内训的合作事宜，第二天准备和你见面详谈。见面以后，他就可以用类似的方式开场："老师您好，在昨天跟您电话初步沟通'结构思考力'课程内训需求的基础上，今天想从学员面临的问题、业务部门的需求和人力资源部门的具体要求三个方面跟您探讨一下课程合作的方案，您看您有什么补充吗？"如果有补充，就再加上几点；如果没补充，接下来就按照这三个方面逐一讨论了。

第四节　隐性思维显性化可以帮助你独立思考

识别、判断、概括这三个步骤在帮助我们将隐性思维显性化方面，除了能够提高我们的思考表达效率，它还有一个特别大的作用，就是提高我们的独立思考能力。

例如，大多数人每天晚上睡觉之前做的最后一件事是关手机。很多机构调研发现，平均每人每天使用手机超过三个小时。那么，我们每天接受大量的观点和言论，怎么判断一个人的观点是可信的还是不可信的？有种方法叫"我感觉他说得对"，但我们需要一些理性的方法。所以，观点可信不可信，有时不仅取决于观点本身，还取决于有哪些事实来支撑，也就是要找出结构。这是锻炼一个人批判性思维的前提。

我们每天在职场上处理的各种事情，可能在教科书中都不存在，那些所谓的标准答案已经不能帮我们解决问题。而且有很多职业随着人工智能的发展，在不久的将来也会被取代。所以在这个不确定的时代，我们更要学会独立思考。

又如，对于灰姑娘的故事，美国老师和中国老师讲的版本是不一样的。

美国老师在读完故事后，会问孩子们一些问题。第一个问题："思考一下，如果午夜 12 点的时候南瓜车没来，作为灰姑娘的你要怎么办？"孩子们就慌了，南瓜车没来，午夜 12 点我要变回来怎么办？第二个问题："如果你是灰姑娘的姐姐，你会阻止你的妹妹参加舞会吗？"第三个问题："你觉得灰姑娘的继母是好人还是坏人？"

确实有孩子认为灰姑娘的继母是好人，也有孩子认为她是坏人，但答案本身并不是最重要的，在这个过程中孩子们会通过思考、判断、讨论、互动得出自己的结果，这就是美国老师的版本。

中国老师的版本大家还记得吗？"大家预习了吗？这个故事是格林童话，还是安徒生童话？作者是谁？作者生平怎么样？故事有哪些重大价值和启发？"

前者关注的是思维的训练、独立思考能力的养成；后者关注的是知识的传递。二者是有区别的。

再如，我在美国一所私立小学旁听过的一堂课，主题叫"美国独立战争"。老师抛出的问题是让孩子们去思考，美国独立战争第一枪是谁开的。按照我们当年的历史课，某一场战役的第一枪是谁开的，是有标准答案的，但美国的课本上没有标准答案，需要孩子们上网去搜资料，去图书馆查阅相关图书等。

特别有趣的是，美国媒体说是谁开的，英国媒体说是谁开的，某个人物传记里说是谁开的，一些网上资料说是谁开的，答案都不一样。这时孩子们需要大量时间去收集资料，去访谈，有孩子甚至去了当年事情发生的现场，最终以小组的方式得出自己的结论，并做 PPT 进行展示，说明这一枪是谁开的。

所以，到底是谁开的第一枪，在课堂上并不是最重要的，而是孩子们学会了，基于历史去提升自己独立思考的能力。那么，怎样才能具备独立思考的能力呢？给大家介绍个最简便的方法。当面临纷繁复杂的信息时，大家可以问两个问题：第一，这段信息的结论是什么？第二，支撑这个结论的证据如何？这就是隐性思维显性化的过程。

本章的内容是，结构思考力接收信息的三个步骤：第一步识别信息中的事实和观点；第二步判断结论和理由的对应关系，画出结构图；第三步用一句话概括所有内容。熟练使用这三个步骤会让你在纷繁复杂的信息面前变得轻松自如，可以像诸葛亮一样一眼就看出"大略"。而且，熟练使用这三个步骤也是锻炼我们独立思考能力特别好的方法。

结构思考力体操

请阅读下文，并使用识别、判断和概括三步骤，识别出信息中的事实、观点、结论和理由，判断它们的对应关系，最后一句话概括它的内容。

移动网络接入的主要方式是互联网专线和互联网宽带。光缆接入工作需要客户协调物业进行配合实施，即需要客户协调大楼物业同意我们使用红线内管道以及楼内相关的槽道、竖井等资源，同时能够安排人员给我们指出合理的走线路由。红线内通信入楼井要根据产权情况不同对待。客户自建，产权归相关物业及客户所有，不涉及产权纠纷等问题；运营商自建，根据管道产权，判定能否使用；客户和运营商合建，需协调客户，使用客户方所占管道管孔。管井的使用也是有约束的。目前移动可以使用移动自建和联建管道，北京电信和歌华管道有条件使用，涉及直接竞争不可用；联通管道不可用。

【提示】关注"结构思考力研究中心"微信公众号，回复"网络传输"获取完整答案。

第三章

重构——显性思维结构化

有一次，我在一家国企上课，课后一位处长兴奋地告诉我："我终于知道怎么让下属改报告了。"我特别好奇他为什么这么说。原来他每次到总部开会，都会让下属写一份工作报告，但每次他都觉得写得不好，要求下属拿回去改，但跟下属又说不清楚修改的标准，结果改完还是觉得不好，最后只能自己去改这个报告。

我相信在读此书的你，可能与那位处长一样天生结构思考力就很强，但因为没有接受过专业训练，自己不知道在思考和表达时就已经在使用结构思考力，只是觉得想的时候就该这么想，说的时候就该这么说，为什么却不清楚。人的思考过程是复杂且隐性的，所以这一章将首先跟大家分享结构思考力都有哪些基本特点，它的理念和标准是什么，从而让大家做到将隐性思维显性化，不但能做好而且知道为什么能做好。

现在给大家看一个日常工作中经常遇到的例子。假如你是董事长，你的秘书早上一上班就给你打电话。仔细听，你会有什么感受。

董事长您好！刘经理来电话说系统出现突发状况，4 点钟他无法参加会议了。小张说他晚一点开会没关系，明天再开也可以，但最好别在 11 点 30 分之前开。可是会议室明天已经被别人预订了，但周五是空着的。王总的秘书说，王总明天需要很晚才能从外地出差回来。我建议把会议的时间定在周五的 10 点，您看行吗？

她说完后，你有什么感受？一个字"乱"。你可能会说："你去人力资源部结算一下工资吧。"今天你心情比较好，希望辅导一下这位秘书，告诉她这个话不能这么说。如果给你 3 分钟的时间（暂停下来，不看答案），你觉得这段话应该怎样说才不乱呢？

要求：把上述现有的内容表述清晰，信息相对完整，符合商务语言的沟通环境。

_____

_____

_____

_____

相信你已经得出自己的答案。接下来我们一起探讨这段话到底该如何表达。

是先说原因，还是先说结果

这个问题很容易达成共识——先说结果。因为在商务沟通中时间比较紧迫，所以一定是先说结果后说原因，这样会更有效率。不过，当结果让人难以接受时，你也可以先说原因后说结果。例如，作为医生，你需要告诉患者，他还有三个月的生命，如果直接说结果，患者可能受到打击连一个月都活不了。这只是特殊情况。而在职场中，原则上还是先说结果后说原因。所以，这里应该先说："董事长，我们可以将今天下午 4 点的会改在周五上午 10 点开吗？"针对第一个问题我们达成了第一个共识：在商务沟通的表达中要先说结果后说原因。

原因是否可以被分类

在这个案例中有多少原因？这些原因是否可以被分类？其实，可以很直观地分为人和会议室两类原因，表达时应该把同类原因放到一起。针对第二个问题我们达成了第二个共识：原因是可以被分类的。

原因是否可以被总结概括

这些原因是可以被总结概括的。例如，人的原因可以概括为：刘经理、小张和王总等参会人员的时间都不方便或者周五都方便。同时考虑总结概括后是得出肯定的理由更有说服力，还是否定的理由更有说服力。体会一下，我们说参会人员今天不能参加会议是不能得出周五开会这个结论的，所以要得出肯定的理由"参会人员周五上午 10 点都可以参加"会更有说服力。我们达成第三个共识：原因分完类以后是可以被总结概括的，且给出肯定的理由支撑结论更有说服力。

在表述时这三个人有顺序吗

在这个案例中，最直观地还是按照职务顺序进行排列，例如王总、刘经理和小张都不能参加会议。我们达成第四个共识：同类原因中的要素需要按照一定的顺序进行组织。

基于达成的四个共识，我们一起看一下参考答案：

我们可以将今天下午 4 点的会议改在周五上午 10 点吗？

因为王总、刘经理和小张都可以参加，并且本周五会议室还能预订。

或者按照上面的讨论，还可以把具体原因再概括一下：

我们可以将今天下午4点的会议改在周五上午10点吗？

因为参会人员都可以参加，并且本周五会议室还能预订。

你可能说，花了这么大篇幅带着我讨论一段话，意义何在呢？这个意义一定不在于这句话，而在于它背后的结构。这个结构就是金字塔结构（见图3-1）。

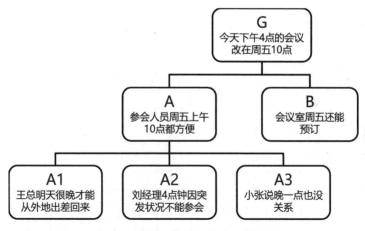

图 3-1　秘书汇报背后的金字塔结构

G 叫作中心思想，A 和 B 叫作支撑中心思想的理由，A1、A2、A3 叫作支撑理由的子理由。它是从上到下不断延伸，从下到上逐级支撑，所以被形象地称为金字塔结构。

具备结构思考力可以在最短的时间内把问题表述清楚。如果老板只给 5 秒，可以直接说结论；如果老板给了 30 秒，可以说到二级目录；如果老板给了 1 分钟，就可以说到三级目录；如果老板给了 15 分钟，是不是可以把所有内容做出 PPT 详细汇报一下了？在你具备结构思考力以后，无论对方给你多少时间，你都可以把问题说得清晰且全面，只是深入程度不同而已。

基于上述案例我们可以得出，结构思考力的四个基本特点，即金字塔原理的四个基本原则：结论先行、以上统下、归类分组、逻辑递进。为了便于记忆，在此基础上提炼出"论""证""类""比"四个关键字，它们与四个基本特点——对应："论"对应结论先行；"证"对应以上统下，表示上面的结论是下面的理由论证得来的；"类"对应归类分组；"比"对应逻辑递进，表示各种思想都需要通过对比的方式确定逻辑顺序（见图 3-2）。

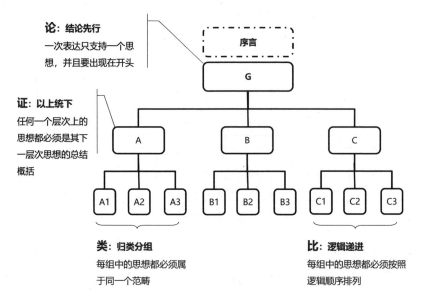

图 3-2　结构思考力的四个基本特点

前面两个基本特点是纵向结构之间的特点，后面两个基本特点则是横向结构之间的特点。如果明确了结构思考力的四个基本特点，我们就可以做到隐性思维显性化，再复杂的思考过程都能够变得可识别和可传承。我们不仅可以把结构思考力运用得很好，还可以把显性化的标准传承给整个团队，让所有人都使用一种思考和表达模式，从而提升整个团队的管理和沟通效率。所以，结构思考力对于个人的意义在于思考能力的提升，对于组织的意义在于管理效率的提升。

有一次，我给一家企业所有的中层干部做培训。下课后企业老总兴奋地过来跟我握手，说："李老师，太感谢您了，我终于找到批评这些中层干部的科学依据了。"后来，我才知道这家企业是一家老国企，前些年与外方合资后高管团队中有很多外方人员，而很多中层干部在做汇报时，高管都特别不满意，总问："你到底想说什么？"这造成很多中层干部觉得高管对他们非常不好，不够尊重他们，所以有很多矛盾。听完培训课后，很多中层干部也感慨，终于知道辛辛苦苦汇报了那么多的数据和事实，高管还不满意的原因了——因为对方想要的是"结论"。所以，这就是沟通语言统一的意义所在，也是很多著名企业都开始意识到这一点，并把"结构思考力"作为全员必修课程的一个重要原因。

在商务沟通中，正式的表达必须符合结构思考力的方法。那么，回家以后与家人说话需要结构化吗？例如，"老婆，跟你说一件事，它包含以下三点：第一点……第二点……第三点……你看行吗？"是不是感觉上有一点别扭？所以，在日常亲密的环境下是否要用结构思考力的方法取决于大家平时的习惯，但是如果从信息传递的角度看，这样的表达一定是最高效的，而从情感沟通的角度看，效果不一定是最好的。

例如，以前我给一家企业上课，学员听后非常兴奋，表示晚上回家以后要培训一下老婆。大家问他为什么。他说，他老婆每天下班以后都会跟他抱怨公司里的问题，希望他帮忙提一些建议，结果她每次都说五六十分钟，也没说清楚到底想要说什么。旁边的女同事敲敲桌子提醒他回家小心点："有可能你老婆根本不想跟你要解决方案，只想跟你倾诉一下呢。"

所以，我们达成共识，在商务环境下的正式表达必须符合结构思考力的标准，在日常亲密的环境下是否使用则取决于每个人的习惯，但是如果使用了，从信息传递的角度看，这一定是效率最高的。

第一节　论：一次表达，一个主题，说在开头

▶▶ 一、国人更需要结论先行的训练

"结论先行"的表达习惯正好与国人的习惯方式相反，因此国人更需要加强训练。国人比较习惯先说原因后说结论。例如，一位朋友与你聊天聊了 30 分钟，前 28 分钟都在聊家常，最后 2 分钟才说，这次主要是想跟你借点钱……这种方式的表达很常见。

之前，我曾听过一位英语老师跟大家介绍中美文化差异时讲的一个故事，那个故事一直让我记忆犹新：有一位小朋友在上学的路上救了一位落水的同学，到学校后不但被学校表扬，而且被评为见义勇为小英雄。接下来的故事就发生在中国老师和美国老师给家长打电话的差别上。中国老师这样打电话。

中国老师：喂？您好，请问是小明的家长吗？

孩子家长：是啊。

中国老师：我是他的老师，今天早上你家孩子在上学的路上，路过了一条河……

孩子家长：然后呢？

中国老师：河水非常湍急，这时他的一个同学一不小心就掉到河里去了……

孩子家长：然后我家孩子怎么样了？

中国老师：他非常勇敢，跳到河里去救他的同学……

孩子家长：然后呢？

中国老师：然后他顺利把他的同学救了上来，学校评他为见义勇为小英雄，所以今天打电话是想恭喜您。

相信这个接电话的家长已经被吓得完全疯掉了。那么，美国老师会怎样打电话呢？

美国老师：喂？您好，请问是小明的家长吗？

孩子家长：是啊。

美国老师：我是他的老师，今天打电话是想恭喜您，小明在学校里被评为见义勇为小英雄……

在工作中，我们经常遇到有些人在商业沟通或会议演讲中滔滔不绝，信息丰富却不知所云。例如，在一位销售顾问见完客户后，你问他具体情况时，他会这样说："今天路上太堵了，折腾了一小时才到客户那里，不知道什么原因令客户的态度特别差……"即先将所有细节及逻辑叙述完毕，最后总结出中心思想或最后也没有中心思想。还有一种情况也是我们常见的。某位员工辛辛苦苦写了洋洋洒洒几十页的报告，但由于缺乏"结论先行"的逻辑结构，以至于少有人能耐心读完，而他成了自己文章的唯一"忠实读者"。

结构思考力强调的是先总后分。结论先行正是"先总后分"的体现，先框架后细节，先总结后具体，先结论后原因，先重要后次要。通过这样的方式，我们在表达问题的时候，就可以让听众迅速抓住我们要表达的主旨，帮助听众沿着我们的思路去理解内容，提高表达的效率和效果。

中国企业更加需要推广结论先行这种符合"先总后分"的思考与表达方式，这对提高企业的管理和沟通效率都会有巨大好处。有一次，我为某电力公司上课，总经理表示每次开会听取汇报时都特别辛苦，不仅要仔细听，还要一点一点地问，才能弄明白对方到底想说什么。例如，一位做工作汇报的部门经理是这样说的："配合抄表工作进度，在每月的特定几天内电费核算工作量相对集中，核算人员的工作压力也较大，并需要尽快与电费催收相对接，工作积压、赶进度等现象都会影响电费核算的准确率……九家县公司辖区用户的集中核算使工作任务越来越重……"后来总经理实在忍不住了，就问他到底想要说什么。这位部门经理接着又说："面对 87 万个用户的核算工作，核算员在审核过程中难免出现纰漏，致使电费异常的用户也被发行归档，产生电费差错，引起用户不满……"总经理还是不知道他到底想要说什么。经过反复沟通才知道，对方想说：电费核算时间紧、任务重、难度大，需要支持。

这个观点不但在最后才说，而且所有需要支持的要求，均被淹没在各个问题堆积中。后来经过课上的讨论，大家才把这个案例的结构讨论清楚。其实，汇报的开场就应该先说结论"电费核算时间紧、任务重、难度大，需要领导支持，希望增加 3~5 人的人力配置"，然后分别从具体的工作数量有多少、什么时间工作人员到位、怎么用人三个方面详细阐述自己的观点。这种高效的表达是不是在有力地说服对方的同时，也为对方节约了大量时间？

◀◀ 二、你有一个不耐烦的上级吗

> 我的上级对我特别不耐烦，每次汇报工作或会议发言时他都打断我的话，真是郁闷！

我们再看看另一个版本。

> 我们这些干部每次找我汇报工作时，就是不停地说，经常听了 15 分钟也没听明白他们到底想说什么，只能在无法忍受的情况下打断他们！

上述情况在我们的身边经常发生。问题的核心不是上级不耐烦，而是如何提高沟通的效率——如何既能清楚地表达你的观点，又能让对方准确快速地把握你的观点。

那么，怎样消灭你上级的"不耐烦"呢？

要想消灭上级的"不耐烦"，就要从"结论先行"开始。（见图 3-3）

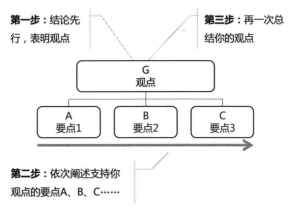

图 3-3 "结论先行"的步骤

以 2013 年《政府工作报告》中的一个小段落为例。

> 今年经济增长预期目标定为 7.5%左右，主要基于两方面

考虑：

一方面，要继续抓住机遇、促进发展。这些年，我国制造业积累了较大产能，基础设施状况大为改善，支撑能力明显增强，储蓄率较高，劳动力总量仍然很大。必须优化配置和利用生产要素，保持合理的增长速度，为增加就业、改善民生提供必要条件，为转方式、调结构创造稳定环境；必须使经济增长与潜在增长率相协调，与生产要素的供给能力和资源环境的承受能力相适应。

另一方面，要切实按照科学发展观的要求，引导各方面把工作重心放到加快转变经济发展方式和调整经济结构上，放到提高经济增长的质量和效益上，推动经济持续健康发展。

综合权衡，今年的经济增长目标定为 7.5%左右是必要的、适宜的，实现这个目标需要付出艰苦努力。

上述内容的金字塔结构如图 3-4 所示。

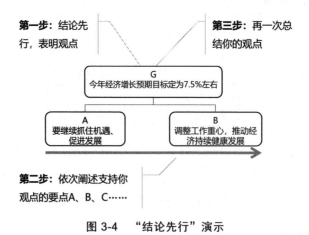

图 3-4 "结论先行"演示

如果你能够结论先行地说明你的观点，并提出三个解决方案，然后让老板决定，老板还会不耐烦吗？你还可以设想自己是一名战地记者，在弹雨纷飞的时候要报道当前的战况，因为你每说一句话都有可能有枪子儿找上脑门，所以要省略掉一切废话、套话、官话、空话，直切主题是最合适的。

◀◀ 三、结论先行是自上而下表达方式的体现

自上而下的表达方式首先从结论开始，然后阐述理由，最后阐述支撑理由的事实和依据。这种表达方式在商务环境下正式的表达场合说服对方的效果最好。（见图 3-5）

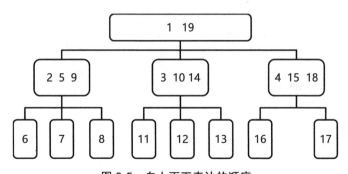

图 3-5　自上而下表达的顺序

这种自上而下的表达方式更容易让对方安心。如果在未亮出明确的结论之前说了很多详细的内容，就很容易让对方处于焦虑状态而变得不耐烦，因为对方要猜你接下来可能表达的内容。举一个银行学员跟客户沟通的例子。最开始的表达："林总，我行近期推出的电子银行汇票业务是一项全新的业务，行里在花很大精力推这项业务。它有多种签收兑付形式可选，包括见票即付、定日付款等形式，而且它的单笔金额可以高达 1 亿元。另外，操作上只需登录网银即可，省去了您跑到网点办理业务的麻烦。王总最近刚刚办理过，觉得挺好的……"

如果客户听到上面这段话，估计直接会晕倒，原因是银行学员在表达过程中没有运用自上而下的方式——先给出结论。

经过修改后的表达："林总，我向您推荐我行最近推出的电子银行汇票业务，它有三大优点，一是形式灵活，二是额度较高，三是操作简单。首先，形式灵活方面有见票即付、定日付款等形式可选；其次，它额度较高，最高可达 1 亿元；最后，它操作简便，网银即可完成操作。"（见图 3-6）

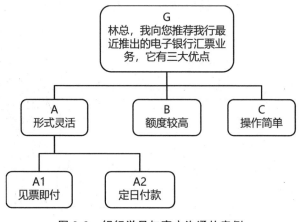

图 3-6　银行学员与客户沟通的案例

因此，如果想要让你的表达更有说服力，就采用自上而下的方式结论先行，然后再进入细节。自上而下的表达还有一个好处，它可以利用对方的思考和推理来增强你的说服力。因为先听到结论，人们会很自然地将后续的依据和前面的结论做一个连接，更容易认可你的结论。相反，如果一开始就表达很多细节，对方自己会尝试着总结出他的结论和观点，这时如果他总结的观点与你未来要表达的结论不一致，你想要说服他的难度就会增加。大家千万不要被图中这些标号给难住了，只要记住结论先行的核心理念自上而下地先总后分即可。

◄◄ 四、可以使用简便方法验证是否结论先行

下面举一个简单的例子，帮助大家更加直观地感受，如何判断结论是否先行。

××××年工作计划

在建工程：

从调试质量、服务态度及人力资源配置三方确保做好调试工作。

要加大高精尖测量设备技术装备配置，满足调试需要。

意识：

增强市场意识、服务意识、质量意识。

立足调试行业，突出主营业务多元拓展市场。

既要做强做大国内市场，又要积极拓展国外市场。

人才：

要针对大容量、高参数机组的不断出现，建设一支高精尖队伍。

培养能处理各种现场问题、解决疑难技术难题的专业带头人。

加强岗位技能培训，培养中青年专家。

这样一段文字在职场中随处可见。以往我们认为这是高水平写作的体现，甚至有很多人会把这样的模板当作自己追求的写作目标。在学会了结论先行后，我们可以试着把它的所有标题提炼出来，就变成了这样：

××××年工作计划

在建工程：

意识：

人才：

然后，请告诉我每段文字说了什么。你会发现它什么也没说。这就是结论未先行的现象和结果。当然，你也可以画出它的结构图，如图 3-7 所示。

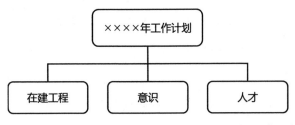

图 3-7　××××年工作计划的结构（未做到结论先行）

无论是看标题还是结构图，我们都无法获得任何有用的信息。通过这样的方法，我们就可以判断一段信息是否做到了结论先行。如果我们试着给这段文字做一次符合结论先行的重构后，它变成了这样：

××××年工作计划
——抓好在建工程，培养三种意识，建设三支队伍

1. 抓好在建工程，提高调试水平

- 从调试质量、服务态度及人力资源配置三方确保做好调试工作。

- 要加大高精尖测量设备技术装备配置，满足调试需要。

2. 培养三种意识，立足调试行业，实行两条腿走路

- 增强市场意识、服务意识、质量意识。
- 立足调试行业，突出主营业务多元拓展市场。
- 既要做强做大国内市场，又要积极拓展国外市场。

3. 建设三支队伍，全面提高职工素质

- 要针对大容量、高参数机组的不断出现，建设一支高精尖队伍。
- 培养能处理各种现场问题、解决疑难技术难题的专业带头人。
- 加强岗位技能培训，培养中青年专家。

对比一下，你会发现，无论是单独拿出它的标题还是画出它的结构图，我们都可以得到完整的信息（见图3-8）。

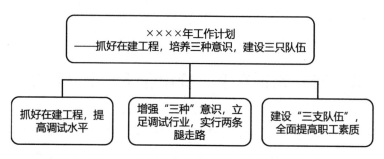

图3-8　××××年工作计划的结构（做到了结论先行）

⏮ 五、结论先行的本质是对下文的概括和总结

你可能会问：我知道要结论先行了，可是结论究竟是什么？结论从哪里得来呢？

例如：

为了提高产品销售量，我们应当：

1. 欢迎老客户来体验我们的新产品
2. 引导客户购买相关互补的产品
3. 鼓励客户向朋友分享产品使用感受

"为了提高产品销售量，我们应当"就不是结论句。我们试着给这段文字找找结论。既然是结论，那么它一定要从下面三句话总结提炼出来。怎么提炼呢？方法是寻找下面要素之间的共性。我们来看这三句话中有哪些共性。一是先看主体。三个句子的主体都是谁？客户。什么客户？老客户。二是找共同的行为或结果。三个句子的意思是要做什么？让老客户再来买产品，或者促进新产品的销售，这称为"二次营销"或者"复购"。三是提炼结论为"为了提高产品销售量，我们应当对老客户进行二次营销"或者"为了提高产品销售量，我们应当提高老客户的复购率"。

这种方法就叫作"找共性，得结论"。

第二节　证：结论在上，理由在下，相互联系

有一次，我给一个企业做培训，在刚说完结论先行休息的时候，一个学员就跟我说："李老师，我感觉我跟领导汇报的时候是按结论先行做的，可是领导还是不满意。领导非常不善于倾听，很容易就不耐烦，经常在我说话的时候，挑战或否定我的观点。"而我正好跟这个领导的关系不错，就去问了怎么回事。"每次听这家伙汇报工作简直太痛苦，他总是拍脑袋说各种想法。一旦追问理由，他就哑口无言，那不

是浪费我的时间吗?﹀"这个领导这样解释道。

这位总是被否定的员工,看似说了结论,但也许只是结论,没有摆出支持结论的理由和依据,其实就论证不完整。而领导想要的,是支持结论的理由,是希望员工能在思维框架的纵向结构上再往下说一层。

⏮ 一、符合以上统下才能保证表达的效果

我们一起来看一个例子。这个报告的标题是《新产品收益高》,标题下面就是报告的大纲,从六个方面来阐述这个主题。这个报告是一家金融公司的销售负责人在部门内动员业务经理加大力度推广新产品的动员会上的发言。现在和大家探讨的是,这个例子中的结构有哪些不符合结构思考力的四个基本特点。

> **新产品收益高**
>
> 1. 规模带来效益
>
> 2. 新产品拥有专项奖励
>
> 3. 公司考核会向新产品倾斜
>
> 4. 信息交叉验证,透明度高
>
> 5. 贷后检查集中,易操作
>
> 6. 追加担保有抓手

最直观的问题是标题与下面的内容不符合以上统下。通过仔细分析会发现,这六点中只有前三点是探讨产品收益高的问题,而后三点是在探讨产品风险可控的问题,所以上小下大不符合以上统下的基本特点,现有的结论只能概括前三点。经过修改后的金字塔结构如图3-9所示。

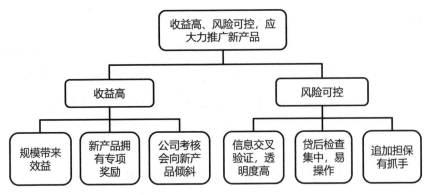

图 3-9 "收益高、风险可控，应大力推广新产品"的金字塔结构

通过这个例子你可以体会到，并不是表达时主题下面分点叙述就叫结构化，而是需要经过准确的思考让内在的内容符合四个基本特点。

◄◄ 二、有理由支撑的结论才有说服力

咨询顾问可以非常有自信地跟客户说："如果您有时间，就把我们的报告详细看一遍；如果您没有时间，只看我们报告的标题就可以了。"原因在于，他们报告的标题全部做到了结论先行并符合以上统下。如图 3-10 所示，PPT 的标题就是一个结论，在结构思考力中也称有中心思想的主题句，标题下面的数据和图表都是支撑这个结论的依据。因此，在日常工作中，我们得出的结论也需要充足的理由支撑才会更有说服力，并可以在沟通交流时大大提高沟通的效率。

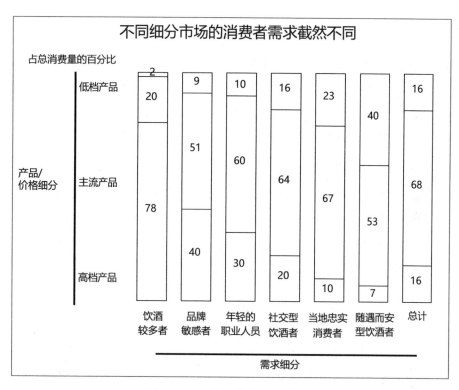

图 3-10　麦肯锡公司 PPT 截图

⏪ 三、以上统下的特点符合实践要求

下面这篇《政府工作报告》的节选，有哪些符合结构思考力的四个基本特点？

2021 年 3 月 5 日在第十三届全国人民代表大会第四次会议上《政府工作报告》节选：

一年来，我们贯彻党中央决策部署，统筹推进疫情防控和经济社会发展，主要做了以下工作。

一是围绕市场主体的急需制定和实施宏观政策，稳住了经济基本盘。面对历史罕见的冲击，我们在"六稳"工作基础上，明确提出"六保"任务，特别是保就业保民生保市场主体，以保促稳、稳中求进……

二是优先稳就业保民生，人民生活得到切实保障。就业是最大的民生，保市场主体也是为稳就业保民生。各地加大稳岗扩岗激励力度，企业和员工共同克服困难。多渠道做好重点群体就业工作……

三是坚决打好三大攻坚战，主要目标任务如期完成。较大幅度增加财政扶贫资金投入。对工作难度大的贫困县和贫困村挂牌督战，精准落实各项帮扶措施。优先支持贫困劳动力稳岗就业，帮助返乡贫困劳动力再就业……

四是坚定不移推进改革开放，发展活力和内生动力进一步增强。完善要素市场化配置体制机制。加强产权保护。深入推进"放管服"改革，实施优化营商环境条例。出台国企改革三年行动方案……

五是大力促进科技创新，产业转型升级步伐加快。建设国际科技创新中心和综合性国家科学中心，成功组建首批国家实验室。"天问一号""嫦娥五号""奋斗者"号等突破性成果不断涌现……

六是推进新型城镇化和乡村振兴，城乡区域发展格局不断优化。加大城镇老旧小区改造力度，因城施策促进房地产市场平稳健康发展。粮食实现增产，生猪产能加快恢复，乡村建设稳步展开……

七是加强依法行政和社会建设，社会保持和谐稳定。提请全国人大常委会审议法律议案 9 件，制定修订行政法规 37 部。认真办理人大代表建议和政协委员提案。广泛开展线上教学，秋季学期实现全面复学……

一年来的工作殊为不易。各地区各部门顾全大局、尽责担当，上亿市场主体在应对冲击中展现出坚强韧性，广大人民群众勤劳付出、共克时艰，诠释了百折不挠的民族精神，彰显了人民是真正的英雄，这是我们战胜一切困难挑战的力量源泉。

节选开篇就说明了总的结论"贯彻党中央决策部署，统筹推进疫情防控和经济社会发展"，接下来每一段的开头也都是结论化的语言，例如，"一是围绕市场主体的急需制定和实施宏观政策，稳住了经济基本盘。""二是优先稳就业保民生，人民生活得到切实保障。""三是坚决打好三大攻坚战，主要目标任务如期完成。"而且更重要的是，它们与标题之间也是完美地符合以上统下。

结构思考力是从实践中来到实践中去的。《政府工作报告》是最权威的文章，虽然我们不能确认写作的人是否接受过"结构思考力"的培训，但他写出来的文章是符合结构思考力的。所以，结构思考力不是凭空创造出来的，而是从实践中来然后到实践中去的一个过程。有一次我去一家企业大学讲课，听课的对象是企业大学的各部门负责人。课前与培训负责人沟通时，我问他为什么要采购"结构思考力"课程。他说："最近我们校长发现各部门负责人在汇报工作时总说不到点上，于是我就跟他建议有一门课程是讲'总分总'的，于是他就决定给各部门负责人做一场培训。"大家是否还记得，我们上小学的时候写作文的几种结构？总分、总分总和分总，前两种结构就是结构思考力的一种运用。所以，结构思考力并不深奥，它是从实践中来到实践中去的一种思考方法。

第三节　类：合理分类，不重不漏，简化问题

◄◄ 一、分类可以简化问题，提升效率，传承智慧

（一）关于这个问题我有三点建议——分类可使沟通更有效率

我们在工作中其实做得很好，可是在最后总结或会议上发言时，却不能很好地表现出来，不知道到底怎么说，最终只能得到遗憾的结果。如何让辛辛苦苦做的工作很好地传递出去？大家会发现结构思考力强的人经常有类似的表达：关于这个问题我有三点看法。有些领导在讲话时也经常说：今天下午我主要讲三点，然后分别从这三点来阐述我的观点。如果要点太多且不进行归类分组，听众基本不会理解说者毫无头绪的表达。

> 上级：听说你们的"阳光书屋"项目运行得不太顺利，你接下来准备如何实施呢？
>
> 部下：嗯……啊，这个……因为现行的机制存在些问题，而且先期方案调研深度也不足，我准备在形式上再创新一下。另外，员工参与度不高也是一个主要问题。同时，推荐给大家的书目跟需求也不符合……
>
> 上级：？？？（你究竟想表达什么？）

回想一下，这样的对话在日常工作中是否很常见。当你与客户、上级沟通时，没有要点的表述往往会让听众的思维混乱。因此，为了提高工作效率和业绩，准确清晰的归类分组非常有必要。再看上述例子的另一个版本。

上级：听说你们的"阳光书屋"项目运行得不太顺利，你接下来准备如何实施呢？

部下：我准备进一步优化"阳光书屋"项目的运行管理，大致分为以下三点：第一，形式上更加创新；第二，推荐符合需求的书单；第三，开展深入持续的调研。

上级：非常好，明白了。加油！

大家刚刚开始训练结构思考力时可以以"三"为基础去考虑"要点是什么"。例如，在跟客户沟通之后，客户提出了哪三个方面的需求？开完会后的决议包括哪三个方面？在看完电影回家的路上，可以问问爱人有哪三个方面收获？这些问题都尝试着用三个要点进行分类，虽然并不是所有事物都一定可以分为三点。为什么是三点呢？首先，三点便于记忆；其次，"三"本身也是特别稳定的一个结构，三个要点要支撑一个中心思想；最后，通过分三点这种有意识的训练，不仅加强了我们的分类能力，而且提高了沟通效率。

（二）这个事情可以从几个方面来考虑——分类使思考更有效率

每天都会有大量信息涌入我们的大脑，那么如何做到清晰、高效地思考呢？由于我常年要到全国各地的企业里讲授课程，所以几乎每周都要在家里准备2~3次行李箱。最开始，对于每次带什么东西这件事非常头疼。例如，夏天蚊子多应该带上防蚊液，讲课要带上电脑，用手机得带上充电宝，偶尔有的酒店没有电熨斗还需要带个旅行电熨斗，住酒店刷预授权得带信用卡，带双运动鞋在天气好的时候可以跑跑步……每次绞尽脑汁丰富头脑中的清单，可经常还是忘记带几样重要的东西，有时还带了几样不需要的东西。

如果运用结构思考力，这个问题就轻松多了。每次可以随手拿一张便笺纸，然后开始在上面画出这样的结构。首先，将所有物品分为三类：电子用品、穿戴衣物、其他。这样的分类可以概括所有物品，没有重叠，也没有遗漏。然后，在每个类别下列出所需物品，同样是从大类到细节。最后，根据重要性，进行选择和修改，删掉不必要且占空间的物品。此后，每次收拾行李时都可以做到有条不紊，而且基本没有忘记带东西。（见图 3-11）

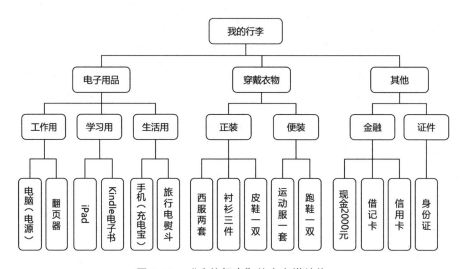

图 3-11   "我的行李"的金字塔结构

同样的任务，由于采用了不同的思维方式，其效果就有了显著的差异。并不是通过学习我变聪明了，而是通过运用结构思考力的方式我将事物进行了归类组织，不但提高了思考问题的效率，而且能够把问题想得更全面。

（三）分类可以将隐性经验变为可复制、可传承的显性智慧

"一根针掉在会议室的地上，该如何去找？"很多人的第一反应是

用吸铁石，还有人说可以找来更多人一起找……这些都是在生活中的经验，而在工作中这种隐性经验是不能被传承和复制的，而且结果经常是不可控的。那么，结构化的方式是什么呢？例如，有人听到问题后，第一反应是拿来了很多粉笔，然后开始在地面上画格子。你应该已经猜出他的方法了，就是一个格子一个格子地去找。也许你觉得这种方法有点笨，但这就是被归纳分类后的可传承的方法（见图3-12）。

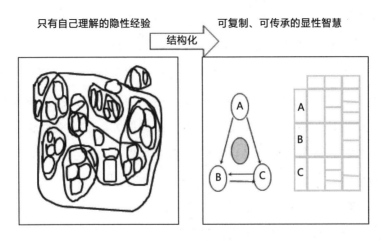

图 3-12　结构化让隐性经验显性化

有很多企业家可以用一张图阐述自己的企业战略，这也是高度结构化的体现。如果在工作中运用结构化的方式将这些隐性经验变为可被理解、可被传承的智慧，那么管理和沟通的效率一定会大幅度提升。

◄◄ 二、分类源于人类大脑的基础能力和思维偏好

当你看到图3-13中这些点的时候，请你发挥想象力，想象一下它们像什么。

图 3-13　想象力练习

相信你看出了它们像各种各样的东西。例如，在我的课上学员给出过很多答案：猫爪子印、狗爪子印、防毒面具、自行车、小汽车、麻将的色子、盲文……你会发现无论你把它想象成什么，都是通过一种方式，即对相近的三个点做出想象。所以结论是，人类大脑有自动将具有某些共同特点的事物进行归类组织的能力。古人夜观天象往北面一看七颗星星像勺子一样，于是就称之为北斗七星。其实，从物理角度有可能它们之间没什么联系。因此，结构思考力中"归类分组"这一标准也是符合人类大脑思考方式的。

我们换位思考一下。如果你与对方沟通一项工作内容，你说："我的报告一共包含如下几点：第 1 点……第 2 点……第 3 点……第 4 点……第 5 点……第 6 点……第 7 点……第 8 点……第 9 点……第 10 点……"如图 3-14 所示。

如果你是信息的接收者，能记住这些信息吗？如果记忆力好，是可以记住的，只需多耗费一些脑细胞。人类的大脑一次性接收的信息是有一个范围的，是 7±2 点，也就是 5～9 点。在数字王国中，7 有着许多耐人寻味的妙处。在西方传说中，大约 5000 年前，有 7 个外星人乘着 7 艘宇宙飞船探访了地球，从而在地球上留下了 7 大奇迹，使许许多多的事物都与 7 有了联系。地球上有七大洲，每周有 7 天，月球运行的周期 28 天正好是 7 的倍数，而且是 1～7 这 7 个数字之和，彩虹有 7 种颜色，音乐有 7 个音符，智力游戏中有七巧板……出现这种情况的主要原因是你遇到了"奇妙的数字 7"，这个术语是由乔治·米勒在他的论文《奇妙的数字 7±2》中提出的。米勒认为，大脑的短期记忆无法一次容纳 7 个以上的记忆项目。有的人一次能记住 9 个项目，而有的人只能记住 5 个。大脑比较容易记住的是 3 个项目，当然最容易记住的是 1 个项目。

近期的措施及效果

1. "全员营销，百日竞赛"活动创新突破的延续

2. 传递压力，合理分解任务指标

3. 鼓励直分销人员开发新客户，抢占直销终端市场

4. 组织各类座谈，增效拓展

5. 开发新客户的政策支持

6. 针对不同客户采取差异化营销

7. 以客户为突破口，以点带面，拓展市场

8. 制定更能有效激励的薪酬考核办法

9. 成立开发团队，及时掌握客户需求，快速反应

10. 通过汽油降价促销，抢抓市场

图 3-14　我的报告——近期的措施及效果

　　这就意味着，当大脑发现需要处理的项目超过 4 个或 5 个时，就会开始将其归到不同的逻辑范畴中，以便记忆。有段时间每次下课后都会有学员咨询我，是否有青少年结构思考力课程，以便让孩子加强结构思考力的训练。其实，分类能力确实需要从小开始训练，因为我

们发现通过不同的分类方式，可以看出分类者的思维方式及其对事物的理解。例如，一个孩子把玩具分为木制玩具、金属玩具、塑料玩具等，而另一个孩子把玩具分为跟小朋友一起玩的玩具、跟妈妈一起玩的玩具、跟爷爷一起玩的玩具。这两种分类方式没有对错之分，却可以体现出分类者对事物的不同理解。所以，如果我们需要高效的思考和表达，最好将事物进行归类，并不断地提升自己的分类能力。

大家还记得前文中我曾提到过的一种表达方式叫"关于这个问题我有三点看法"吗？你可以观察一下，如果你身边有人经常用这种方式表达，那他的结构思考力一定很强，换句话说，他的分类能力很强，因为能这么说其实是不容易的。"关于这个问题我有三点看法"，说完以后经常会有以下几种情况发生：第一种情况是正好有三点；第二种情况是说完两点后没有要说的了；第三种情况是说完三点后还有很重要的内容没有说。所以如果有人可以这样结构化地表达，那么他的归纳分类能力比较强。

◄◄ 三、MECE 原则是清晰分类需要严格遵循的原则

（一）结构思考力中的分类归组黄金法则：MECE 原则

我们已经清楚"分类"的重要性，但是面临复杂的问题和事物时，用什么方法确保正确的分类呢？接下来给大家分享 MECE 原则。

MECE（Mutually Exclusive Collectively Exhaustive）的中文意思是"相互独立，完全穷尽"，即对于一个重大的议题，能够做到不重叠、不遗漏的分类，而且能够借此有效把握问题的核心，并解决问题的方法。它是芭芭拉·明托在《金字塔原理》中提出的一个很重要的原则，是麦肯锡思维过程的一条基本准则。"相互独立"意味着问题的细分是

在同一维度上并有明确区分、不可重叠的，"完全穷尽"则意味着全面、周密。图 3-15 诠释了不符合相互独立、完全穷尽的各种情况。

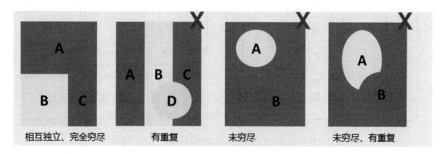

图 3-15　符合和不符合 MECE 原则的各种情况

所以，无论是在思考还是在表达问题时，分类都必须符合 MECE 原则。完全穷尽这件事是一个理想状态，不是说不可能，是你要想全，通过结构化的方式尽量让你想全。大家还记得"如何将 200 毫升的水倒入 100 毫升的杯子里"的例子吧，杯子、水和外部环境三个方面就符合 MECE 原则。

我们来看另一个工作中的例子。

假定你的团队面临的问题是"我们要提高产品的普及率"。你也许会提出如下一些方法来提高产品的普及率：

① 强化内部资源支持。

② 扩大宣传面。

③ 提高渠道质量。

④ 加强宣传栏宣传。

大家觉得这个清单有什么问题吗？没错，第④条与前三条并不是并列关系，它应该归入"扩大宣传面"，与"应用广播""贴海报"这类问题是并列的。所以，这个清单不符合 MECE 原则的相互独立，在分析时容易造成混乱，表达时也容易让对方含混不清。（见图 3-16）

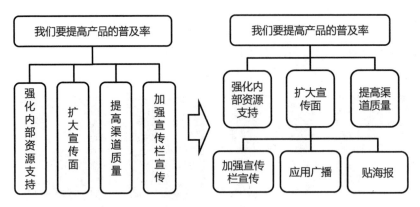

图 3-16　我们要提高产品的普及率（前后对比）

除了做到清单上的所有内容都是独立的、清楚的（"相互独立"），你还必须审视，以保证它还囊括了与这一主题相关的所有问题或事项（"完全穷尽"），所以 MECE 原则也起到了帮我们更好地审视总体、全局的作用。

（二）MECE 原则让我们看待问题更加清晰全面

通过 MECE 原则的分类，我们不但可以把问题分清楚，还可以帮我们拓展思路。

假如你开着一辆货车从北京出发去西安送货，途中路过一个限高 2 米的隧道，但货车连货物高达 2.05 米，怎么办？我相信善于思考和解决问题的你一定可以想出很多种解决方案。例如：

把货物搬下来，分几次运过去。

重新排列货物，让它不再超高。

给车子的轮胎放一点气，降低整体高度。

换一个底盘低一点的汽车。

把隧道拓高一点。

把地挖深一点。

找另一条路绕过隧道。

虽然标的是限高 2 米，但也说不定，硬闯过去试试。

……

有这么多种方案，不但感觉比较乱，而且未来选方案时会比较头疼。接下来，我们用 MECE 原则来整理一下这些方案。首先，明确做这件事情的目的是把货物顺利送到目的地；然后，根据目的我们来看目前有几种选择。如果要符合 MECE 原则，无外乎就两种选择：一种是不从这个隧道过去，另一种是想办法从这个隧道过去。（见图 3-17）

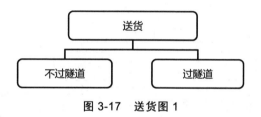

图 3-17　送货图 1

我们再接着往下分解。如果选择不过这个隧道，那么还有哪些方法可以达成我们的目的，如绕路、换其他类型的交通工具等，这也是可以的。（见图 3-18）

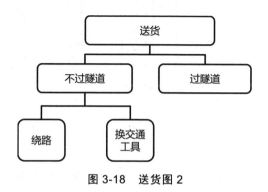

图 3-18　送货图 2

如果选择从这个隧道过去，也可以继续分解。那么，分成几类呢？你会发现"过"与"不过"很容易符合 MECE 原则，没有重复也没有穷尽。但继续分解下去，如果还想要符合 MECE 原则，就要多动脑勤思考了，也就是要找出这个问题的结构和分类。通过分析我们发现，从隧道过主要解决"高度"问题。在这个分支下，三个方面可能帮助我们解决这个问题，分别是车、货物和隧道。注意，这三个方面就是我们一直在讲的结构化看待事物的三个维度，它们要符合 MECE 原则，以帮助我们把事情想清楚、想全面。沿着这三个方面，我们可以继续往下划分，列出各个分类下可能的解决方案。（见图 3-19）

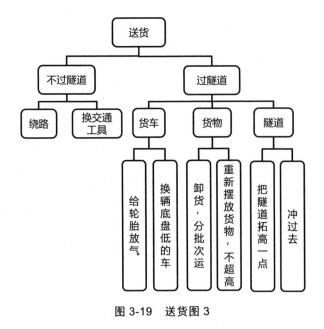

图 3-19　送货图 3

怎么样？通过这样的层层分解，是不是让你刚才脑子中的思路变得更清晰了呢？而且通过这种 MECE 的分类往下分解，还可以帮你拓展思路，将没想到的点子都想出来。至于未来你到底要选择哪个方案，还需要你基于现有的资源和关注点来做决策。而在这里 MECE 的作用是帮助你将问题想清楚、想全面，而不是给你答案。

（三）MECE 原则让我们把握问题的关键

MECE 原则适用于生活与工作的方方面面，尤其是可以帮助我们识别问题的关键。举个大家在工作中都会遇到的例子。小张是公司新招聘的大学生，按照规定，周五需要提交一份销售数据报告给经理。但是因为业务不熟练，小张一直到周日晚上才把报告做完发给经理。周一一到公司，小张就被经理批评了："你不知道是周五交报告吗？周末发给我有什么用？你有什么权力占用我周末的时间？而且这格式根本不行，信息一点都不清晰。你知道这耽误我多少时间吗？另外，我觉得报告中的库存数据一点都不可靠，与销售数据根本就对不上。库存和销售不吻合是多严重的问题，你不会不知道吧？这次的数据汇报得太晚了而且不对，报告中还包含了很多没有多大意义的数据。我希望以后不要让我看到类似的情况，如果出现了什么特殊情况，就要进行特殊说明并突出出来，尽量减少手工计算，否则数据不准确或不精确。你下回把报告做得好一点。"

大家看完后有什么体会？请问，这位经理一共说了几类问题？好像也说不清楚到底是几类问题，总之就是感受到了他的不满。接下来我们用 MECE 原则帮他整理一下。首先，在众多信息中找出有哪些要点：

1. 周五没交报告。

2. 周末交给我没有用。

3. 格式不对。

4. 信息一点都不清晰。

5. 我觉得报告中的库存数据一点都不可靠。

6. 与销售数据根本就对不上。

7. 库存和销售不吻合。

8. 报告中还包含了很多没有多大意义的数据。

9. 如果出现了什么特殊情况，就要进行特殊说明并突出出来。

10. 减少手工计算。

11. 数据不准确或不精确。

接下来就该 MECE 出场了。首先对这些信息进行分类，然后将同类的信息归为一组。通过分析我们发现，这 11 条信息主要讲了三方面的内容：发送的时间不对、格式不对、数据不符合要求（见图 3-20）。

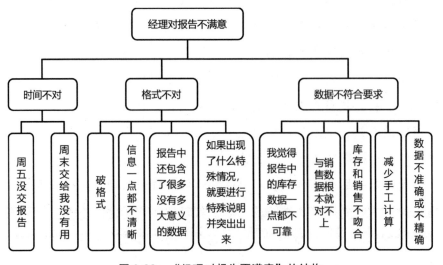

图 3-20　"经理对报告不满意"的结构

图 3-20 是不是变得清晰明了了？我们将来在表达时也一定要以这种结构先总后分地进行说明。相信无论你作为经理跟下属这样说，还是作为下属得到这样的反馈，都能清晰明了地知道这个问题的要点和本质。在分类过程中我们始终要拿 MECE 这把尺子去衡量，同一组的

思想是否属于同一个范畴。

（四）MECE 原则让我们对工作更有掌控感

MECE 原则也可以让我们对工作有更强的掌控性。例如，问你一个问题："一项业务的业绩在下个季度要增长 5 倍，你有什么方法？"我相信如果你是一个业务高手，可能会想到很多方法，例如，去做广告投放，去做渠道开发，去购买流量等。如果我再问个问题："这些事情做了以后一定可以使业务增长 5 倍吗？"你说："这个就不一定了，对吧？但一定有用。"这句话如果你跟老板说，老板一定很不满意。

有一次，我给一家电商公司上课，他们就遇到了一个类似的问题："这项业务的业绩怎么在下个季度增长 5 倍？"学员就跟我说："老师，这事儿我们是有结构的。"我问什么结构？她说："在我们这个领域，销售额等于流量乘以转化率再乘以客单价（见图 3-21）。公司的任务是业绩增长 5 倍，那我第一个思考的就是我可以买 5 倍的流量。如果公司认同这个投入产出，整个问题就被解决了。因为同样的流量进来，后面的转化率和客单价是固定的。如果认为流量的成本太高，还可以买 2 倍的流量，另外的 3 倍就可以尝试从客单价和转化率角度去展开，而且每个维度都可以再拆得细一些！"

图 3-21　销售额的结构

尽管经过这种拆解以后做的事情还是买流量、做广告、做渠道，做的事没有差别，但我们发现对这件事情的掌控程度会提升。如果没有结构，我们对这件事情的掌控程度也就只有 20%~30%。有了结构以后，我们就可以对事情有 70%~80% 的掌控程度。一个管理者只有对事情有正常的掌控程度，才能更好地达成工作目标。所以，分类也是管理者一个特别重要的能力。有句话是"将帅无能，累死三军"，说的就是作为领导者或管理者，他的决策在几秒内就可以完成，但这个决策如果是错误的，他的团队有可能干一个季度甚至半年，这个损失是非常大的。所以，任何一个员工，任何一个管理者，都要掌握 MECE 原则，用 MECE 原则让自己的管理工作变得更具掌控性。

第四节　比：递进排列，根据逻辑，明确顺序

结构思考力的第四个基本特点是逻辑递进：每组中的思想都必须按照一定的逻辑顺序进行排列，这种逻辑顺序符合人们观察事物的习惯，更容易让人们记忆。

关于顺序，我们先来看一个小故事。

> 两个小和尚烟瘾犯了。
>
> 一个小和尚问师父："师父，我念经的时候可以抽烟吗？"
>
> 师父说："休想！"
>
> 另一个小和尚也想抽烟，但是他这么问："师父，我出去抽烟的时候可以念经吗？"
>
> 师父一脸和善地说："当然可以！"

故事里的两个小和尚想做的事情其实是一样的，但因为他们表达的顺序不一样，所以师父的回应完全不一样。所以，对同一件事，如果排列顺序不一样，性质就可能不一样。

历史上流传着一个曾国藩报战况的故事。当时曾国藩带领的部队

连续吃了几场败仗，但他不说"屡战屡败"，而说"屡败屡战"，这两个词语传达出来的精神状态完全不一样。这里我们所说的逻辑顺序，除了顺序，更强调的是"逻辑"。

接下来，我们一起看一个现实中的例子，让大家再感受一下逻辑顺序的重要性。

一家企业的内部培训师在向员工讲授与顾客拉近距离的技巧时是这样说的：

我一直保持微笑和目光的接触。

我不只回答顾客的提问。

我让顾客把话说完，不打断和猜测顾客还没有说完的话。

我提出适当的问题来询问顾客，以保持对方的兴趣。

如果顾客表现出不耐烦或不希望被打扰，我会尊重顾客的意愿。

如果顾客在某种产品前逗留时间较久，我会温柔地再次询问顾客是否需要协助。

我会展现我的个人风格，提供我的个人建议。

我总是使用正面的语言。

当顾客没有购买什么东西离开时，我会递上产品宣传册，欢迎他们再次惠顾。

看完这个例子之后，你能全部记住吗？很难。你会发现，培训师说的每句话都对，但把这些话放在一起后，你却不知道他说了什么。究其原因，就是这些话不符合递进排列的三种顺序——时间、结构和重要性顺序。

结合 MECE 原则，可以使用哪些方式把这些培训内容归类，以更清晰地理解其含义呢？有人按照时间顺序对培训内容进行了分类，如图 3-22 所示。

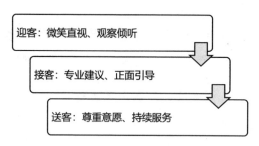

图 3-22　按照时间顺序对培训内容进行分类

我们可以体会一下，分类后（即便简单的分类），更容易记住培训师在说什么。我们可能发现了一个问题，那就是按照时间顺序进行的分类，并没有把所有内容"穷尽"。例如，有的培训内容是在各个时间段都需要做到的。因此，有人按照结构顺序对培训内容进行了分类，如图 3-23 所示。

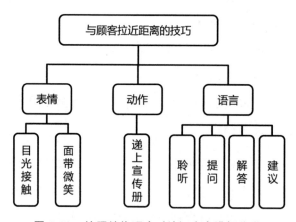

图 3-23　按照结构顺序对培训内容进行分类

看上去按照结构顺序进行的分类要比按照时间顺序进行的分类更加清晰一点。图 3-23 中的分类方式是：按照拉近与顾客的距离的整体行动的发生顺序，将整体行动拆分为不同的行为，排列各项培训内容，即从顾客最先看到的表情到随之而来的动作，再到与顾客的语言交流。这种将整体切分为部分的方式，称为按照结构顺序进行分类。

还有没有其他分类方式呢？让我们再来分析一下，这些培训内容并不属于同一个层面，有些是对销售人员的核心能力要求，有些是在不同情况下该如何应对的技巧。

如果按照重要性，我们可以将这些培训内容分为两个部分，第一部分是核心能力要求，第二部分是不同情况下的应对技巧，其中不同情况又可以分为销售人员主动发起的动作（主动出击）和回应顾客的动作（防守反击），这种分类方式叫作按照重要性进行分类，如图 3-24 所示。

与顾客拉近距离：掌握核心能力要求，合理应对不同情况

核心能力要求	**1 修炼内功** 保持微笑　　目光接触　　个人风格　　正面语言

	2 主动出击 **3 防守反击**
应对技巧	**顾客在产品前久留时：**　提问题时：回答并提供建议 温柔地再次询问是否需要协助　在说话时：不打断、不猜测 **顾客未购买离开时：**　不耐烦时：尊重顾客的意愿 递产品宣传册，欢迎再次惠顾　免打扰时：尊重顾客的意愿

图 3-24　按照重要性对培训内容进行分类

综上所述，递进排列共有三种顺序。同一个问题或方案可以按照时间、结构和重要性三种顺序进行分类，如图 3-25 所示。

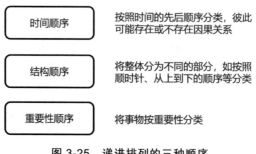

图 3-25　递进排列的三种顺序

◄◄ 一、时间顺序：逐一进行

时间顺序应该是三种顺序中最容易被理解的，在日常工作中用得也是比较多的。例如，日程表、执行项目的甘特图、解决问题的六个步骤、达成目标的三个阶段、绩效改进的四个环节等，都是按照时间顺序划分的。当想要达成某个结果时，这个结果的达成必然有一系列行动或步骤来支撑，而这些行动或步骤就是按照时间顺序排列的一些要素。这些要素是对该组行动或步骤的概括，也是该组行动或步骤达成的结果（见图 3-26 ）。

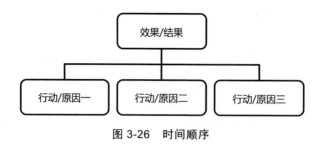

图 3-26　时间顺序

时间顺序适用于项目进展、阶段汇报。例如，过去—现在—未来，总结—形势思考—计划，流程 1—流程 2—流程 3，阶段 1—阶段 2，这些都属于时间顺序的呈现。有了这种分类标准，你就可以快速构建一个横向结构。例如，你在走廊里遇到了老板，老板随口问了你一句："项目进展怎么样了？"你总不能说："老板别着急，等我给您画一个金字塔结构。"但你可以快速地调用时间顺序分类方式，汇报项目截止到上周的情况怎么样、这周会怎么样、下周会怎么样，等等。

◄◄ 二、结构顺序：化整为零

结构顺序是指将一个整体划分为不同的部分，这个整体既可以是事物也可以是概念，或者从外到内、从上到下、从整体到局部来加以介绍。这种表达顺序有利于说明事物各方面的特征，如公司的组织结构图（见图 3-27）、优秀员工的七种品质等。

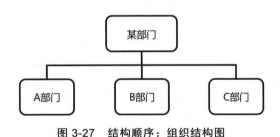

图 3-27　结构顺序：组织结构图

如图 3-28 所示的家庭装修项目的分解图，这种分类方式是典型的结构顺序，结构顺序使用范围也比较广。

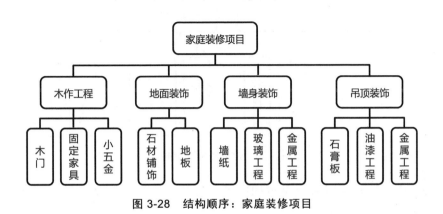

图 3-28　结构顺序：家庭装修项目

◀◀ 三、重要性顺序：水平比较

重要性顺序是指具有某些共同特点和内容，按照重要程度进行排序。例如，你提出某一类型的三个方案，这三个方案具有相同的特性，但重要程度不同，所以你在表达时会依据这些方案的重要程度加以排序，先说最重要的方案，以此类推（见图 3-29）。

图 3-29　重要性顺序结构一

应该很容易理解重要性顺序的概念。例如，在之前开会的例子中，三个人按职务排序就属于重要性顺序。图 3-30 的一级目录也是按照重要性排序的。

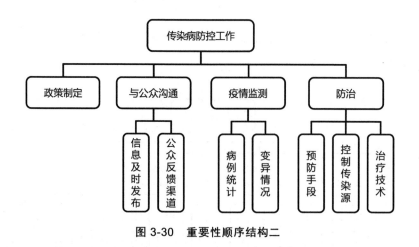

图 3-30　重要性顺序结构二

在本章开篇就曾展示过的图示，就是为了便于理解，刻意将论、

证、类、比四个核心原则与金字塔结构图进行结合的直观展示。相信
当你深入学习过之后，再来看这张图，会有更深层次的理解。这里再
次展示这张图（见图3-31），用以强调并方便你的查阅。

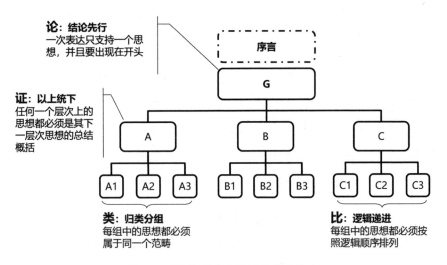

图 3-31 结构思考力的四个基本特点

结构思考力体操

请想象一个场景：你作为一个团队的管理者，在一个工作日的清
晨，刚洗漱完毕，还没来得及吃早餐，就接到了下属的电话，电话里
下属说了一个特别紧急的突发状况。请思考：如果遇到这样的突发状
况，你该如何去应对？

我们一起来看一下。电话里下属跟你这么说：

李总，您好！我是小赵，有件事情非常紧急。今早七点，
我接到郑州交通管理局的电话，六点十分在郑州 203 国道上
发生了一起重大交通事故。我公司销售部的小马驾车与一辆

大货车相撞，小马当场死亡，大货车司机重伤，目前正在医院抢救。与小马同车的还有公司的销售人员张三、李四和王五，三人都不同程度受伤，但无生命危险。目前，事故责任还不能确定，我准备立刻前往郑州处理相关事务，希望跟您商量一下应对措施。

这是特别紧急的事情，已经涉及人员伤亡了。下属不知道怎么办，打电话向领导求助。作为领导，电话里起码得说些什么吧。例如，小赵别着急，你要怎样去处理。在讨论之前，我先给大家讲述其中一个管理者是如何应对的，大家一起感受一下，这种应对怎么样。他是这样讲的：

小赵：立即向主管总裁汇报；然后联系相关医院，确保伤病员的全力救治；再联系保险公司，协商理赔事宜；还有，联系伤亡员工家属；别忘了跟郑州交管部门确定事故责任，一定要全力维护公司利益；跟销售部门说，让他们确保货物安全，做好工作交接，处理好与客户的关系，请他们理解。总之就是按照公司应急预案立即成立事故处理小组处理上述事宜。对了，别忘了做好伤亡员工家属前往郑州的准备。

大家听完有什么感受？我刚才大概用了一分半的时间来复述他的表达。这样的表达方式很常见，但说完以后呢？对方不知道说的是什么，而且记不住。大家会发现他说的每一句话都对。

接下来，请你思考：如果这个电话要你来回，你怎么回，下属才能清晰明了地知道，你想说什么，他要做什么。

【提示】关注"结构思考力研究中心"微信公众号，回复"交通事故案例"获取完整答案。

第四章

呈现——结构思维形象化

第一节　形象表达：视觉化呈现结构的最佳方法

在本书第二章曾经提到过诸葛亮，当时说他"独观大略"，是一个具备极强结构化思维的人。这从他著名的《隆中对》可以看出来。"隆中对"是《三国志》中刘备三顾茅庐拜访诸葛亮时的谈话内容，在这次谈话中诸葛亮精辟而深刻地分析了天下大势，高屋建瓴地提出了帮刘备一统天下的总方针，并最终促成了三国鼎立的战略决策。其全文如下：

自董卓已来，豪杰并起，跨州连郡者不可胜数。曹操比于袁绍，则名微而众寡。然操遂能克绍，以弱为强者，非惟天时，抑亦人谋也。今操已拥百万之众，挟天子而令诸侯，此诚不可与争锋。孙权据有江东，已历三世，国险而民附，贤能为之用，此可以为援而不可图也。荆州北据汉、沔，利尽南海，东连吴会，西通巴、蜀，此用武之国，而其主不能守，此殆天所以资将军，将军岂有意乎？益州险塞，沃野千里，天府之土，高祖因之以成帝业。刘璋暗弱，张鲁在北，民殷国富而不知存恤，智能之士思得明君。将军既帝室之胄，信义著于四海，总揽英雄，思贤如渴，若跨有荆、益，保其岩阻，西和诸戎，南抚夷越，外结好孙权，内修政理；天下有变，则命一上将将荆州之军以向宛、洛，将军身率益州之众出于秦川，百姓孰敢不箪食壶浆以迎将军者乎？诚如是，则霸业可成，汉室可兴矣。

大概的意思是诸葛亮分析了各方势力，建议不要动曹操和孙权，因为他们太厉害了，但可以去攻占领导比较差的荆州和益州，从而形成三足鼎立之势，再图时机复兴汉室。我们试着给《隆中对》画一下结构图，如图 4-1 所示。

诸葛亮在分析问题时没有拘泥于细节只关注刘备一方的情况，而是从全局出发。纵观全局，是一种鸟瞰式的观察，由于站位高，自然可以把事物的全貌看得更完整，从而做出更有效的决策。他从全局入手分别对曹操、孙权、刘表（荆州）、刘璋（益州）进行分析，并得出曹操和孙权太厉害不能动，刘表的荆州和刘璋的益州是不错的机会可以拿下的结论。基于此分析，便得出了"取荆、益二州，与曹操、孙权三足鼎立"的战略构想。

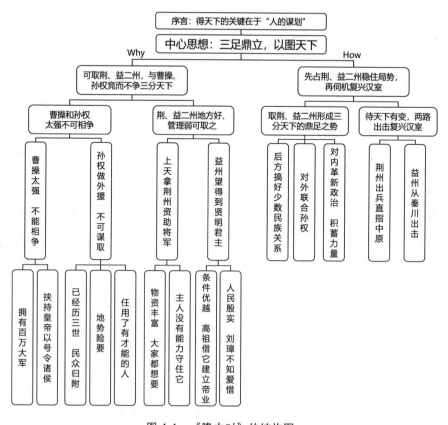

图 4-1　《隆中对》的结构图

　　诸葛亮仅仅凭借对上述大势的分析，还不足以说服他的未来老板。一个观点是否能站住脚，不仅取决于观点本身，还取决于有哪些事实和依据支撑你的观点。例如，诸葛亮在上述四个方面的分析过程中，在纵向结构上都有明确的数据和事实支撑。

　　曹操方面：列举其拥有百万的军队，挟天子以令诸侯，以此得出刘备此时不能和曹魏争锋，要避其锋芒的结论。

　　孙权方面：列举其占据江东已经三世，那里地势险要，百姓归顺，又任用了有才能的人等事实，得出"此可用为援而不可图也"的结论。

荆州方面：列举了荆州靠汉水、沔水，南面可以直达沿海一带，东面和吴郡、会稽郡相连，西面和巴郡、蜀郡相通，是个战略要地，以及刘表不能守等事实，得出刘备可以利用这个机会的结论。

益州方面：列举了益州地势险要，有广阔肥沃的土地，是个富饶的地方，高祖凭借着它建立了帝业，刘璋昏庸懦弱等事实，得出刘备未来可以取而代之的结论。

这个观点和事实并不出奇。例如，东吴的鲁肃和甘宁都曾跟孙权建议过，曹操一时难以灭掉，因此都建议拿下荆州与曹操形成鼎立之势，再谋取机会。诸葛亮当时在荆州交友甚广，很多人也都有这样的观点和言论。但是为什么从诸葛亮口里说出来，就能把刘备这位老江湖说得服服帖帖呢？原因在于诸葛亮运用结构思考力的思考框架（经济、政治、军事三个方面），给出了比别人更系统全面的分析，这种分析结合上面的大视角和具体数据就非常有说服力。（见表4-1）

表4-1 运用结构思考力对全局的分析

分析维度	曹 操	孙 权	刘表（荆州）	刘璋（益州）
经 济	发达	一般	一般	天府之国
政 治	挟天子以令诸侯	三代经营，民心归附	内部分裂	治理混乱
军 事	很强，百万大军	较强	弱	弱
结 论	太牛，不能动	牛，不能动	怂，可以灭	怂，可以灭

用一句话总结：在得天下的关键在于"人的谋划"基础上，从可取荆、益二州，与曹操、孙权竞而不争三分天下，以及伺机复兴汉室两个方面，说明了三足鼎立、以图天下的中心思想。这就是一种结构化表达。

这里我们不仅探讨了诸葛亮运用结构思考力的方式有多纯熟，更

重要的是，诸葛亮在跟刘备汇报工作的时候也需要借助其他工具。回忆一下，电视里是怎么演的？（见图 4-2）

图 4-2　诸葛亮借助地图汇报工作

他们看的是什么？地图。如果没有这张地图，刘备可能也不清楚上北下南、左西右东，曹操在哪、孙权在哪。但是，在地图上一标注，大家就都清楚了。这里的地图，就是最原始的形象表达的一种手法。

今天有多少人可以像诸葛亮一样，非常直观地绘制出一张战略地图呢？有很多人，例如马云，就曾经用一张图说清了未来一段时间的企业战略。

一个企业家能用一张纸画出自己企业的战略，前提是非常熟悉自己的企业，且思路清晰。其中熟悉毫无疑问是肯定的，思路清晰的前提是要拥有结构化思维，最后才能用一张图形象地表达出来。

除了马云，还有很多企业可以做到基于结构思考的形象表达，例如 58 同城、比亚迪、万科等。

【提示】关注"结构思考力研究中心"公众号，回复"马云"可获取 53 个企业家用一张纸绘制的企业的结构图或战略图。

我们常说形象表达的前提是结构思考，结构思考的有效输出方式是形象表达，二者缺一不可。

我们绝大多数职场人或普通人在日常工作和生活中，需要形象表达的场景大概率不是去绘制企业战略图，而是做 PPT。但凡做过 PPT 的人都知道，做 PPT 最忌讳的是大量文字的堆砌。文字堆砌型 PPT 给人的感觉，就好比去电影院看电影，坐了半个小时，演员不出来，只有剧本在银幕上循环滚动播放。所以，我们所讲的形象表达，是在结构思考的基础上，用形象表达方法去呈现你的方案，即结构思维形象化。

第二节 结构罗盘：一站式形象表达的解决方案

在已经运用结构思考力的重构四核原则——论、证、类、比，做到结构清晰后，我们怎么才能做到形象表达呢？这里我给大家介绍一个工具：结构罗盘（见图 4-3）。

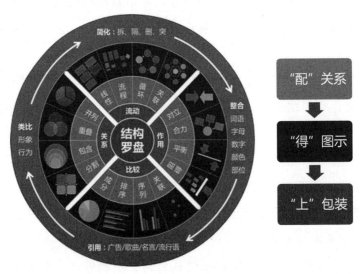

图 4-3 结构罗盘

结构罗盘从内到外主要分成三个部分："配"关系、"得"图示、"上"包装。这也是把金字塔结构图以清晰、全面且形象的图示的方式呈现出来的三个步骤。

◀◀ 一、"配"关系：明确要素之间的关系

我们将金字塔结构各分支中要素之间的关系，归纳整理出四种模式16种关系。大家可以根据金字塔结构中的内容，寻找并匹配适合的关系。

中西餐在结构化和标准化上存在一些差异，西餐烹饪的方法比较简单，便于发展连锁。相对而言，东方料理的制作过程复杂，尤其是中餐中的"炒"，非常难以做到标准化。而中国台湾一家餐饮连锁企业很早就意识到了这个问题，从开第一家店时就以标准化作为目标，致力于让自己30多家店的300多位厨师都能炒出相同规格和品质的菜。他们通过采购、规格、流程、配方、味道五个方面，以量化的数字作为指标进行标准化。例如，一个新菜的标准化开发，往往从食材的选择、切割等开始，拆解到30个步骤以上。想要清晰地将这种隐性经验显性化、结构化并传承下去，最好的工具莫过于流程图等形象表达的方式。（见图4-4）

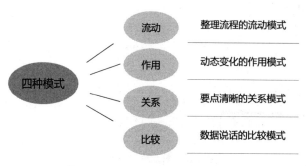

图4-4 "配"关系中的四种模式

在本书第三部分，我将结合应用案例详细拆解这四种模式 16 种关系。

◄◄ 二、"得"图示：根据关系选择匹配的图示

在上一步"配"关系中，已经明确了不同关系下该运用什么图示。这一步很简单，为大家提供了一个按照上述关系分类的图示库。这个图示库不能把所有图示都穷尽，只是为大家提供一些典型图示作为参考，如图 4-5 所示。

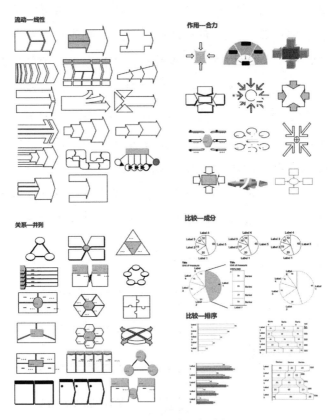

图 4-5　图示库（部分）

【提示】关注"结构思考力研究中心"微信公众号，回复"图示库"获取完整图示库。

◄◄ 三、"上"包装：要点包装更容易记忆

通过对要点的语言包装可以让对方更容易记忆。例如，出门四件事知道是什么吗？很多人会马上得出答案——"身手钥钱"，也就是出门之前要记得拿身份证、手机、钥匙和钱包。"交通123"是什么？一看，二慢，三通过。很多年过去了，这些要点你还可以非常清晰地记得。究其原因是这些要点通过语言的方式进行了包装，让你记起来更加简单、明了且形象。

"上"包装的任务是尝试将已经搭建好金字塔结构的一级目录通过简化、类比、整合和引用的方式进行包装，以让对方更容易记忆并接受你的观点。当你表达的时候，对方的思维一部分用于接收信息，一部分用于找出内容之间的逻辑关系，还有一部分用于理解记忆所学的内容。如果我们能将准备传递给对方的内容做进一步的提炼和加工，再加上前面搭建的结构，一定可以让对方轻松愉快地记住并接受我们的观点。我们的目标不是更炫和更酷，而是以对方的需求为出发点，重点关注容易记忆和清晰明了。"上"包装的手法有很多，本书总结了简化、类比、整合、引用四种（见图 4-6）。例如，前面说的出门四件事"身手钥钱"，就是对"身份证、手机、钥匙、钱包"进行整合包装的结果。

和"配"关系类似，在本书第三部分，我将结合应用和案例分享四种包装手法，这里不做过多展开。

图 4-6　"上"包装的四种手法

在接下来的第三部分，我们将进入结构思考力的应用篇。我们一起来看看，当有一个想法想要表达时，该如何使用结构思考力，真正做到"思考清晰，表达有力"。

第三部分

结构思考力的应用

结构思考力最核心的一个应用就是帮助我们想清楚、说明白。

人的社会属性要求人们之间必须经常进行沟通交流，尤其是在职场上，管理人员 70%的时间与精力都用在了沟通交流上。目前，无论从事什么职业、处于什么岗位，善于表达已经成为所有职场人士的必备技能。

我们需要明确的是，本书对结构思考力的应用，主要解决的是"有方案时，想清楚说明白"的问题，也就是有了初步的想法，但不知道如何把方案说清、说全，并有效地说服对方。如果没有解决方案，建议先阅读我的另外一本书《结构思考力 II：透过结构看问题解决》，找到方案之后再来阅读本书。

结构思考力应用实践的主要框架基于结构思考力三层次模型展开，只是更加细化了，被拆分成五个大步骤。

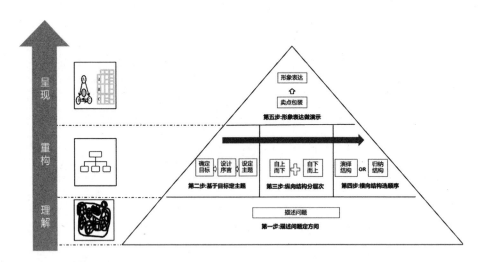

1. 理解：对应第一步，首先要描述清楚现在的问题以及初步的解决方案。

2. 重构：对应第二、三、四步，基于表达的目标，通过主题、纵向结构、横向结构三个方面完成表达内容结构的构思。重构的整个过程都需要符合重构的四核，即"论""证""类""比"四个核心原则。

3. 呈现：对应第五步，在运用结构罗盘的基础上，从 PPT 呈现的角度，探讨方案的形象表达。

第五章

描述问题定方向

"把难题清清楚楚地写出来，便已经解决了一半。"这是著名的吉德林法则，由美国通用汽车公司管理顾问查尔斯·吉德林提出。该法则的核心理念是：在问题出现之后，不要被问题冲昏了头脑，自暴自弃。因为世界上所有不好的事情，只是在你认为它们不好的情况下，才会成为真正不好的事情；解决问题的关键是有条理地写出问题，并积极地去面对。这里有一个特别经典的故事。

英国麦克斯亚郡有位妇女向法院提起了一场诉讼，诉讼的对象是一家足球厂商——宇宙足球厂。这位妇女要求宇宙足球厂赔偿她10万英镑的精神损失费。而诉讼的理由在我们看来可能有点不可理喻，竟然是她的丈夫迷恋足球到了不可自拔的地步，严重影响了他们的家庭生活和夫妻之间的关系。

结果在宣判之前，这位妇女竟然得到了大多数陪审团成员的支持，也就是说，宇宙足球厂要面临败诉并且支付对方

精神损失费的结果。这下宇宙足球厂的老板坐不住了。但该
足球厂的公关顾问认为，这场诉讼即使打输了，也只需要支
付一笔精神损失费，这样离奇的诉讼理由并不会给足球厂带
来其他太多的负面影响。

如果能够通过这场诉讼，把赔偿的钱"赚回来"，不就把
问题解决了吗？于是，宇宙足球厂并没有在法庭上就如何打
赢这场诉讼花太大的力气，而是反其道而行之，借助媒体的
力量对这场诉讼大肆宣传，证明其生产的足球对球迷有如此
大的吸引力。最后，虽然输掉了诉讼，但该足球厂因此而名声
大振，销量在原有的基础上增加了四倍，可以说是因祸得福。

这个故事说明，解决问题的前提是清楚地找出问题，看到问题的
症结所在，因为杂乱无章的思维是不可能产生有条理的行动的。

第一节　用 5W2H 框架描述问题

在理解和描述问题这一步，我给大家推荐一个工具"5W2H 框架"。
5W2H 框架是第二次世界大战时美国陆军兵器修理部首创的工具。
这个工具简单、方便，易于理解、使用，在描述问题时有助于弥补问
题的疏漏，如表 5-1 所示。将自己目前面临的问题和解决方案，条理清
晰地描述出来，以便为接下来的重构和呈现打下坚实的基础。

表 5-1　5W2H 框架

5W2H 框架	参考问题	对问题的描述
What	什么事情出了问题？ 出了什么问题？	

续表

5W2H 框架	参考问题	对问题的描述
Why	为什么造成这样的结果？	
When	什么时候发生的？	
Where	在哪发生的？	
Who	谁出了问题？	
How	怎么发生的？	
How much	多少事物出了问题？ 问题出到什么程度？	

这就是一个隐性思维显性化、隐性问题显性化的过程。以前大家可能根据自己的习惯去阐述问题，所以很容易出现描述不清晰的情况。但是利用这个工具就可以把问题分析清楚。

需要强调的是，除了 5W2H 框架，在表 5-1 的最上面还有问题的解决方案。因为我们开始应用结构化表达的前提是"有方案时，想清楚说明白"，所以前提是要有解决方案。

我们一起来看一个职场中的案例（见表 5-2）。

表 5-2　用 5W2H 框架描述问题

拟定的解决方案	向人力资源部申请再招聘 12 名装卸工	
5W2H 框架	参考问题	对问题的描述
What	什么事情出了问题？ 出了什么问题？	货物装卸无法在规定时间内完成
Why	为什么造成这样的结果？	人手不足
When	什么时候发生的？	这个月初开始
Where	在哪发生的？	仓库
Who	谁出了问题？	装卸工

续表

5W2H 框架	参考问题	对问题的描述
How	怎么发生的?	业务量增长后,装卸量增长了 20%
How much	多少事物出了问题? 问题出到什么程度?	出现了 8 次装卸时间延误;装卸工每天加班超过 3 小时

这是一个完整的问题描述过程。你会发现,无论问题多么复杂,只要是问题,就可以使用 5W2H 框架来分析。

第二节 明确问题的根本原因

在我以往的授课过程中,大家在使用 5W2H 框架描述问题时,经常会对 How 和 Why 的区别产生疑惑:Why 和 How 看起来都是在讲原因,但是它们之间有什么差别?

可以这样理解:How 是表面原因或无须解决的原因,Why 是根本原因或需要解决的原因。

例如,在生活中你可能会遇到这样的问题。

周三下班回到家,你打开家门,闻到房间里有一股难闻的异味。你皱着眉头,心想:为什么房间里会有异味呢?你觉得可能是早上出门时没有开窗,或者没有及时倒垃圾导致的,于是你赶紧把所有房间的窗户都打开通风。

这时快递员给你打电话让你去小区门口拿一下快递,于是你急忙出门去取快递,并顺便倒了垃圾。当再次打开家门时,你发现难闻的异味并没有消散,所以你认为异味可能不是由垃圾导致的。如果不是垃圾问题,那是什么问题?你开始在家里到处寻找，终于在厨房水槽下面的柜子里发现了一个盆，盆里盛着半盆黑乎乎的脏水，异味就是从这里散发出来的。于是你赶紧把脏水倒掉，并打扫干净，又通了一会儿风，家里终于恢复正常了，你心想这下终于好了。

可等到周四下班回到来，你打开门，又闻到了那股难闻的异味。不是已经把脏水倒了吗？为什么臭味又出现了？你赶紧跑到厨房，打开水槽下的柜门，发现昨天洗干净的盆子里，又有半盆脏水。于是你赶紧给物业打电话，让他们来检修。物业的师傅检查之后给你换了一根污水管，费用是20元钱。这时你突然想起来，这根污水管不是两个月前刚刚换的吗？也是20元钱，为什么这么快就坏了呢？

物业师傅吐槽说，之前库房里的水管用完了，又采购不到原来的产品，物业只好临时买了一批，但是这批水管质量不好，导致很多家庭用了一个多月就又坏了。最近两个月他们每天的检修和消毒任务本来就很重，结果因为这根水管，一天至少有七八家报修，又给他们平添了不少工作量。

在这个案例中，How 就是指表面原因，如水槽下有污水；而 Why 是指根本原因，如水管质量不好。前面装卸工的案例中，销售量增长就是外部原因，对这个原因我们不需要去分析，而应该分析人手不足这个原因。

在分清 How 和 Why 之后，我们就知道了解决方案应该是与 Why 对应的。

再举个例子。昨天晚上下雨你被淋湿了，今早起床后不住地打喷嚏、流眼泪、淌鼻涕，浑身难受。一量体温，你才知道你发烧了，然后去医院看病。医生问你怎么了？你说昨天晚上下雨淋着了。那么，昨天晚上下雨淋着了，是 Why 还是 How？是 How。医生开了化验单，检查结果是病毒性感冒。这个病毒，是 Why 还是 How？Why。所以，医生开药得针对病毒开，而不是针对下雨开。很多人会下意识地认为，下雨淋着了也是原因，也可以针对性地提供解决方案。但这些解决方案根本没有办法解决这个问题，而要找到背后的根本原因。所以 How 只是问题产生中的一个描述，Why 才是后面的根本原因。

关于如何找到根本原因，这里分享一个 5why 分析法，它源于丰田公司。在丰田公司的车间里，有很多大机器在运行着，突然地面上就出现了一摊油污。接下来，就要针对油污来看问题到底出在了哪里。

首先，出现了油污，该怎么办？至少要找一个保洁人员，把这些油污处理了，否则可能有不安全因素存在，所以处理油污是对应的解决方案。接下来我们就要针对油污开始提问了。

为什么会有油污？这是第一个问题。答案就是机器漏油了。因为油污就在机器的下面。那么，针对机器漏油，我们可以做什么？

为什么机器会漏油？我们发现，机器的某个部位漏油了，而那个部位实际上是有垫圈的。难道是垫圈老化，导致该部位的密封性不够好，所以就漏油了？针对垫圈老化，我们可以做什么？换垫圈。

为什么垫圈会老化？或者，一般垫圈什么时候会老化？有的垫圈可能三年会老化，但这个垫圈一年就老化了。

为什么垫圈会提前老化？因为我们买了较差原料做的垫圈。在这种情况下，我们怎么办？是否要改变这一批垫圈的规格，才能解决有可能发生的一系列漏油事件？

为什么会采购原料差的垫圈？因为我们要控制成本，所以把价格降下来。那么，对应的解决方案就不只是换垫圈，可能需要对采购策略进行调整，我们需要对某一部位的一些关键零部件的最低价格做一个大致判断，不能太便宜。

　　至此，我们已经问了 5why。那么，还能不能继续问下去？可以，直到找出问题的根本原因。

结构思考力体操

第一步：描述问题定方向

　　既然解决一个问题的前提是正确理解这个问题，描述这个问题，那么请你思索一下近期你是否有什么问题正待解决。如果已经有了一个解决问题的方案，或者大致想法，那么请按照书中的框架把它描述一下。

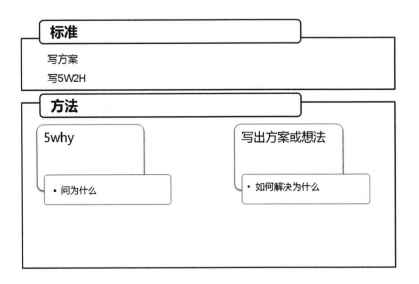

　　对问题的解决方案＿＿＿＿＿＿＿＿＿＿＿＿

5W2H 框架	参考问题	对问题的描述
What	什么事情出了问题？ 出了什么问题？	
Why	为什么造成这样的结果？	
When	什么时候发生的？	
Where	在哪发生的？	
Who	谁出了问题？	
How	怎么发生的？	
How much	多少事物出了问题？ 问题出到什么程度？	

第六章

基于目标定主题

结构思考力强调先框架后细节、先总结后具体、先结论后原因，是一种典型的目标导向的思维模式，所以要想搭建出有说服力的金字塔结构一定要先明确目标、主题，并以有效方式引出主题。本章将给大家分享如何基于目标定主题的三个方面。

1. 确定目标，让表达有的放矢。你的一次表达之后，希望对方能有哪些行为？首先需要提前设定好场景。例如，你是谁，对方是谁。然后明确在这个场景下你想要达到的目标。例如，下周二正好与上级谈涨工资的事情，这就是一个很常见的表达场景。在这个场景下你的目标是什么呢？每个人要求涨工资的目标是不一样的，有的人希望老板马上给涨 20%的工资，有的人希望老板知道他对现状不满，有的人希望老板知道自己拿得少干得多、任劳任怨等。因为每个人的出发点不一样，所以在这个场景下确定的目标也不一样。

2. 设计序言，让表达更吸引人。序言是一次表达的开场白。例如，你想找老板加薪，为了能够在汇报时吸引老板的注意力，可以运用序言的讲故事结构设计一个有吸引力的开场白。

3. 设定主题，让表达观点明确。主题是基于目标的结论。例如，你的目标是让老板给你涨 20%的工资，主题就不是"关于一次涨工资的谈话"，而是一个为目标服务的结论，如"申请加薪 20%"之类的观点。

第一节　用 AB 法则，确定目标，让表达有的放矢

在表达之后，我们希望对方有哪些行为？这是我们构思表达结构的起点，因为目标不同，未来为目标服务的主题就不同，要呈现的内容就不同。我们先做一个小试验。请你用 3 秒的时间，环顾房间的四周，然后闭上眼睛，回顾一下房间里红颜色的东西有几种。一般人都能说出 5~6 种。如果再做一回，同样给你 3 秒的时间，环顾房间里红颜色的东西，然后闭上眼睛回顾，那么基本都能说出 10 多种。

这个小试验说明，如果我们把注意力集中到一个目标上，效果就会大不相同，也就是说，目标具有把能量集中、引人关注、吸引注意力、指引方向、激发激情等作用。据此，表达时有目标，才能有的放矢，才能集中听者的注意力。所以，在表达或者重构思维模式之前，首先要确定目标，然后才能确定主题、搭建结构，才有努力的方向。

确定表达的目标，是希望对方产生与自己的思想相符的行为。例如，你跟老板谈加薪，你的目标是希望老板听后马上决定给你加薪 20%。再如，你向某客户推销一项新产品，你的目标是客户听完你的介绍后，愿意掏钱购买你的产品。总之，这里所说的目标，是在你的一次表达之后，希望对方能够采取的行为。

运用结构思考力确定表达时的目标，可以使用一个小工具——AB法则，即每个目标都要符合AB法则：A代表受众，B代表行为。例如，你是公司的培训经理，想让高层发动员工积极参与营销培训，那么你的目标可以设定为："A代表公司高层，B代表在公司内积极倡导大家参与此次营销培训。"如图6-1所示。

A   B

Actor   **Behavior**
受众   **行为**

图 6-1   确定目标的 AB 法则

需要指出的是，表达时要看具体的对象和周围的环境，因为场景越具体，表达的内容、目标、结构才能越准确。

第二节 用故事模式，设计序言，让表达更吸引人

有没有这样的经历？你去找上级汇报一件事情，到他办公室后，你讲了大概三分钟，上级才反应过来问你讲到哪里了。还有一种情况，你拿一本书或一份报告开始看，翻了两三页后才发现，其实一点都没有看进去。在接收信息的当下，人们头脑中还停留着之前正在思考的事情，要想让人们瞬间接收到信息，就需要一种方式在沟通之前把对方吸引过来。换句话说，就是要搭建一个共同的沟通平台，然后才开始表达。这种方式就是我们要分享序言的讲故事结构，它是一种可以快速抓住对方并吸引对方的开场方式。

◄◄　一、人类天生喜欢听故事

你可能会好奇，为什么好的开场方式叫"序言的讲故事结构"？因为讲故事这件事特别重要。在《人类简史》这本书中，作者认为人讲故事的能力特别重要。它把人类语言的发展分成三个阶段：第一阶段的人类语言是基本信息，看到什么说什么。例如，这边来个狮子，那边来个老虎，只能表达这种信息，和很多动物的语言类似。所以作者认为人类最原始的部落规模不超过 50 人就是因为语言太过简单。

后来人类通过遗传、变异和自然选择，不断进化，语言有了很大的进步。这时人类群体的部落迅速壮大，发展到上百人。这个规模还是比较好管理的。例如，一家不超过 150 人的公司，它的制度不必那么健全，很多事情靠人情是可以管理的，但规模再大就不行了。这就是人类语言发展的第二阶段。

再后来，到了第三阶段。随着进一步进化，人类祖先可以说一些想象中的、虚无中的、不存在的事物。例如，山洞口有一棵有大榕树，只要每天祭拜它就可以换来风调雨顺。后来，宗教故事、神话传说就开始流行，国家、城市这种概念开始出现。人类祖先可以利用这些共同信仰，组织成千上万人为了同一件事去努力。

人类祖先最终依靠语言的力量，战胜了其他人种。

所以，语言的发展、讲故事的能力对于人类来说是很重要的，这也导致人类天生爱听故事。有学者专门研究了神话故事、宗教故事、戏曲故事、童话故事等多个故事版本，发现很多故事都是有套路的。其中一个特别重要的套路叫"英雄之旅"：一开场，大家过着幸福祥和的生活，然后突然有一天来了一个坏人或怪兽，破坏了这片宁静，村庄或基地陷入一片黑暗中。这时故事的主角出现，从一个小人物历经千辛万苦、各种磨难，到最后打败坏人，赢得胜利。

这个讲故事的套路，在本书中，就是 SCQA 序言模式。

⏮ 二、用 SCQA 搭建讲故事的序言

序言的讲故事结构包含四个要素：S（Situation）是情景；C（Complication）是冲突；Q（Question）是疑问；A（Answer）是回答（解决方案）。为便于记忆，称之为 SCQA。情景是一个特定的背景，冲突是在这个背景下发生了什么问题，疑问是如何在这个背景下解决这个问题，答案就是问题的解决方案。下面的练习就是一个特别标准的序言结构，它的四个要素分别如表 6-1 所示。

自我行实行企业业务专营模式以来，业务实现了快速增长，但小企业客户资金自身平衡问题成了制约企业业务进一步发展的瓶颈。如何实现我行企业业务的可持续发展？我部计划面向客户推介×××产品，实现业务联动、多方共赢。

表 6-1　序言的基本要素

S（情景）	自我行实行企业业务专营模式以来，业务实现了快速增长
C（冲突）	小企业客户资金自身平衡问题成了制约企业业务进一步发展的瓶颈
Q（疑问）	如何实现我行企业业务的可持续发展
A（回答）	我部计划面向客户推介×××产品，实现业务联动、多方共赢

S（情景）需要让对方产生共鸣，必须让对方听完后产生一种"你说得没错"的反应。只有情景被认同了，故事才能继续发展。C（冲突）是打破开场时给对方的安全感，确认面临的问题。Q（疑问）是对方可能关心的问题。A（回答）是基于这个问题给对方的回答。这就是序言的结构。序言的主要作用是在没有提炼中心思想之前，用来提醒对方

关心的一个疑问，从而引发对方的兴趣，而这个疑问的回答就是你要
表达的中心思想，如图 6-2 所示。

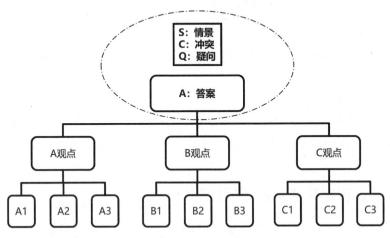

图 6-2　序言在金字塔结构中的位置

序言在中心思想的上面，也可以简单地将其理解为一种引出中心
思想的开场白。

在任何场合的表达，都需要开场白，如会上发言、演讲展示、工
作汇报等，SCQA 都可以帮我们快速组织内容。在下面这个例子中，你
能否找出序言的 SCQA 分别是什么？

集团近年来发展速度快、产量逐年提高，众多项目被列
为北京市重点项目。然而在如此高速发展的背景下，集团资
金缺口成为限制集团快速发展的主要瓶颈。如何拓展融资渠
道、降低融资成本、提高资金使用效率？特设计全方位的
创新金融服务支持方案。

S（情景）：集团近年来发展速度快、产量逐年提高，众
多项目被列为北京市重点项目。

　　C（冲突）：在如此高速发展的背景下，集团资金缺口成为限制集团快速发展的主要瓶颈。

　　Q（疑问）：如何拓展融资渠道、降低融资成本、提高资金使用效率？

　　A（回答）：应该实施一项"设计全方位的创新金融服务支持方案"。

S 给老板介绍了背景，C 将老板的注意力吸引过来，Q 让老板产生了共鸣，A 则提供了解决方案，之后你就可以开始正式方案的汇报。

⏮ 三、根据需求选择不同故事模式

我们可以通过调整四个要素的顺序，来表达不同的情绪。不用改任何文字，只需调整 SCQA 之间的顺序即可。一共有四种模式，分别是标准式、开门见山式、突出忧虑式、突出信心式（见图 6-3）。

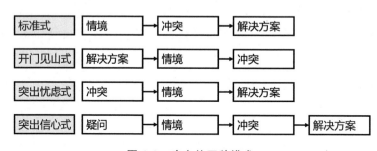

图 6-3　序言的四种模式

前三种模式中都省略了 Q（疑问），因为所有序言中的 Q 都可以是"那该怎么办呢"。我们来看下面这些案例。

标准式：S-C-A

近年来，我行房地产业务得到快速发展，但随着房地产市场分化趋势日益明显，我行房地产业务面临的风险管理压力明显增大。因此我们应根据区域分化形势，确定差异化的授信政策。

开门见山式：A-S-C

我们应根据区域分化形势，确定差异化的授信政策。近年来，我行房地产业务得到快速发展，但随着房地产市场分化趋势日益明显，我行房地产业务面临的风险管理压力明显增大。

突出忧虑式：C-S-A

随着房地产市场分化趋势日益明显，我行房地产业务面临的风险管理压力明显增大。近年来，我行房地产业务得到快速发展，我们应根据区域分化形势，确定差异化的授信政策。

突出信心式：Q-S-C-A

如何在确保实质风险可控的前提下，促进房地产业务快速发展？近年来，我行房地产业务得到快速发展，但随着房地产市场分化趋势日益明显，我行房地产业务面临的风险管理压力明显增大。因此我们应根据区域分化形势，确定差异化的授信政策。

如果在没有特殊需求的情况下，我还是建议运用标准式，因为标准式在沟通上有个优势：开场先说容易被认同的事情，沟通起来会比较顺畅。如果上来就说"冲突"，沟通双方之间有可能就真的出现冲突了。

第三节　用 SAP 原则，设定主题，让表达观点明确

我们去参加各种会议时经常看到这样的主题：××产品介绍、绩效考核制度介绍、关于会议决议的报告、关于市场规划的汇报……看到

标题就不约而同地有两个反应：第一，不知道会议想表达什么观点；第二，看主题就知道一定又是一个枯燥无趣的报告，而且不知道跟我有什么关系。如果换成我们自己的报告，首先要从主题上思考两个问题：第一，你要说服对方接受你的什么观点；第二，如何对这个观点进行包装，让观点更有吸引力。

◀◀ 一、确定结论：一个为目标服务的结论

这个主题一定是基于目标的，而且必须是一个有观点的结论。例如，某房地产公司的市场经理要做一个别墅项目的客户推介会，目标是让客户听完以后愿意购买这个别墅来投资，主题就确定为"×××别墅，是你投资的最佳选择"。注意，这里用的不是"×××别墅介绍"。前者在结构思考力中叫作有中心思想的主题句，也叫结论。

即使目标不同，相同内容的主题也不相同。我曾有一天做了三场演讲，因为每场的目标不一样，所以尽管都在讲结构思考力，但确定的主题也都不一样。上午的产品培训，我的目标是希望大家听完以后都能够愿意销售"结构思考力"课程，我的主题是"想赚钱更轻松吗？多卖'结构思考力'"；下午的大讲堂，我的目标是希望大家听完以后掌握结构思考力的理念和基本方法，我的主题是"结构思考力让思考更清晰、表达更有力"；晚上为 HR 做的分享，我的目标是希望大家听完以后觉得我的课程特别好马上引进企业中，我的主题是"结构思考力——改善员工思维、提升组织绩效"。

我一直在跟大家强调"结论先行"，这里的主题就是我们整个表达的结论，它是源于目标、服务于目标的结论。

◀◀ 二、包装主题：一个打动人心的主题

你知道"复方氨酚烷胺片"和"小儿氨酚黄那敏颗粒"是什么药吗？相信能回答上来的人不多。如果我告诉你它们分别是"感康"和"护彤"，你会不会恍然大悟？所以，细心的你一定会发现，药品一般都有两个名字，一个是通用名，一个是商品名。通用名是它的成分，商品名是基于消费者的需求包装出来的有含义、有吸引力、容易记忆的名字。例如，感康的含义是从患者的角度出发的，告知患者感冒可以康复；护彤是从儿童患者家长的角度，用谐音告知家长可以保护儿童。

同样，我们表达的主题也需要通过包装出商品名才更有冲击力。例如，"如何用结构思考力准备工作汇报"就是通用名，"你的报告也可以价值百万"就是商品名。你还可以发挥想象力把它包装得更好。

（一）包装主题有三个基本原则

把包装主题做得好的领域还有很多，如广告和媒体。之前一位网络营销的老师分享过一个案例，他在爱词霸网站上测试了两个文字链接：一个是"90 天突破英语！绝对保证！"，另一个是"为学英语付出太多？（点击见对策）"。前者的点击率是 0.8%，后者的点击率高达 3.6%。如此巨大的差别，你觉得其中的秘诀是什么？前者看似也很有吸引力，却没能从对方的角度出发引发思考。一个人在英语网站上，头脑中最大的痛苦就是，为英语付出的太多，得到的太少。所以，你问他的问题（为学英语付出太多？）正是他所想，括号内还标明"点击见对策"。这个标题就像在与他对话，听到问题，就想知道答案，于是标题的点击率非常高。虽然两者都花了同样的广告费，后者却吸引了前者 3 倍的流量。所以，我们在包装主题上要把握三个基本原则：

简单、准确、利益（从对方角度出发），这三者缺一不可（见图 6-4 ）。

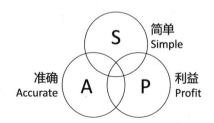

图 6-4　包装主题的三个基本原则

（二）运用选题矩阵可以优选出最优的主题

有人会问，关于一个主题可以包装出多个主题，但如果每个都觉得不错，该如何选择？接下来给大家分享一个结构思考力工具——选题矩阵（见表 6-2），它可以帮大家把选题时的感性因素理性化：把主题放到第一列，从"简单、准确、利益"三个维度，分别给每个主题的每个维度打分（满分 10 分），这样每个主题都会得到一个总分。选哪个作为主题呢？一定是得分最高的那个。

表 6-2　选题矩阵

包装主题	简　单	准　确	利　益	总　分

表 6-3 是我之前课上一个小组的选题过程，标灰文字为他们最终选择的主题。这个主题一定是最好的吗？不一定，因为工具本身就是个思考结构，它能够给我们提供的是思考问题的框架，将我们的思维引导到更广阔的空间。至于答案是什么还需要我们自己来做决策，例如，对每个维度打几分这件事，每个人的决策又不一样。

表 6-3　选题矩阵案例

包装主题	简单	准确	利益	总分
今天你赚了吗？——调绩效，促发展	7	7	7	21
大家好才是真的好——绩效考核体系的构建目标	7	7	6	20
祝您致富——绩效考核政策解读	6	7	7	20
我和我的小伙伴都赚翻了——绩效考核政策精髓解读	8	9	8	25
致我们终将逝去的钱袋——构建业务发展的绩效体系	7	6	7	20
你好我好大家好——优化绩效体系引导说明	8	6	7	21
识势、顺势、借势——吃透用好绩效考核体系	6	7	8	21

接下来给大家分享一些在我课上的案例，希望大家能有所启发（见表 6-4）。

表 6-4　包装后的主题与原主题的对比

原　主　题	包装后的主题
×××银行信息安全的重要性	远离常见信息安全风险
绩效改革政策宣贯	绩效改革势在必行
"积分贷"产品介绍	"积分贷"实现多方共赢
渠道管理方案介绍	我能实现渠道全面掌控
跨行资金归集产品推介	跨行资金归集是存款营销的重要手段
春节内部推荐政策	春节期间内推奖励翻番
×××公司战略规划报告	改革创新，降本增效，提升经营业绩
4G 终端产品营销方案	加大资源投入，提升 4G 客户份额
房地产行业授信策略	房地产行业区域划分及授信策略建议
"心意保"产品介绍	员工专属产品"心意保"实惠多

这样做并不是要教你变身为标题党，而是想强调任何一次的表达

都应该有为其目标服务的结论，而如果这个结论简单、准确又能从对方角度出发成功地吸引到对方，这次表达就已经成功了一半。

结构思考力体操

第二步：明确目标定主题

找一个最近工作中需要用到的主题，如产品推介、工作方案、开会发言、演讲等（内容不限，但凡在工作中需要口头表达和文字表达的均可），运用本章的学习内容按照下面的标准和方法进行一次实际任务演练。

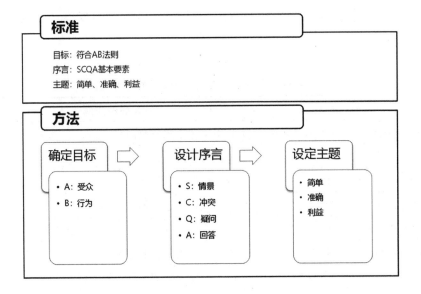

第七章

纵向结构分层次

我们的思维同时具备两种能力：一种是从目标出发沿着不同的路径分解、探求答案的能力；另一种是把各种信息聚合起来、得出一个正确结论或最佳解决方案的能力。

与上述两种能力相对应，本章将介绍纵向搭建金字塔结构时的两种方法：一是自上而下疑问回答做分解；二是自下而上概括总结做聚合。

通过分层次搭建的框架，既能结论清晰，又能以上统下，让表达有理有据。

第一节　自上而下疑问回答做分解

如图 7-1 所示，为什么两个场景的差距如此之大？

开会

VS

看电影

图 7-1   为什么差距如此之大？

场景 1：一位同事在公司大会上发言，一共讲了 30 分钟，结果大家睡了 25 分钟，这种情况很常见。

场景 2：我们去看一场两小时的电影，但是我们从电影院出来后觉得好像刚过几分钟。

为什么 30 分钟的演讲让大家睡着了，而两小时的电影那么吸引人？我们探讨一下电影是怎么吸引人的。除明星和视觉效果外，最能吸引我们的一定是情节，所有电影在一开始的时候都会抛出一个悬念。对于观众来说，我们会特别关注悬念的答案到底是什么，而随着剧情的展开这个答案会一点一点地呈现出来。例如，《变形金刚 4》一开始就是人类追杀我们的盟友汽车人，我们作为观众心中最大的疑问是"为什么会这样"，于是专注地想知道答案是什么，而随着情节的发展，电影把为什么人类追杀汽车人的悬念解开了，而且继续抛给我们一个新的悬念，我们还会继续关心这个新的悬念的答案。其实，可以将整个剧情的展开简单地理解为：给你一个悬念，给你一个答案；再给你一个悬念，再给你一个答案……在所有悬念都被解开之后，整个电影也就结束了，而在整个过程中你会一直被情节紧紧地吸引着，所以看完两小时的电影之后，就跟刚刚过了几分钟一样。

有一种方法可以让我们无论是口头表达还是书面表达也可以像电

影一样，很好地吸引对方并说服对方。这种方法在结构思考力中叫作自上而下疑问回答做分解。

一、自上而下疑问回答做分解的两个步骤

自上而下疑问回答做分解是一种想象对话技术。假如有人做一场演讲，他说：我今天给大家分享的话题是"猪应当被当作宠物来养"。作为听众，在他说出这种观点之后你会有什么疑问？没错，就是"为什么猪可以当宠物来养"。如果他接下来的演讲说："首先猪很脏、很肥，但肉很好吃……"大家听着听着就会睡着，因为他讲的内容并没有回答大家关心的这个疑问。所以，要吸引大家就需要回答猪为什么可以当宠物。例如，"猪很漂亮，所以猪可以当作宠物来养。"回答了大家心中的疑问，同时这个回答又引发了大家新的疑问："猪为什么漂亮呢？"所以他只有再回答"猪为什么漂亮"这个问题，大家才愿意继续听。（见图 7-2）

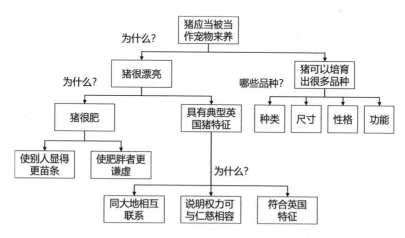

图 7-2　猪应当被当作宠物来养

（资料来源：该案例引自《金字塔原理》）

自上而下疑问回答做分解搭建的金字塔结构既吸引人又有说服力。图 7-2 最上面的中心思想是"猪应当被当作宠物来养"。演讲者会设想这个主题抛给大家之后大家会关心什么，然后反过来回答大家的疑问。演讲者还会继续想新的回答会引发新的疑问，然后再回答。图 7-2 中类似"为什么"的问题是设想出来的，在正式的表达时并不存在。例如，演讲者在正式演讲时会这样说："大家好，今天给大家分享的话题叫作'猪应当被当作宠物来养'，因为猪不仅很漂亮，还可以培育出很多品种。为什么说猪很漂亮呢？……"听众会跟着他的思路一步一步地往下走。（这里我说的这句话是有问题的，不是听众跟着他的思路走，而是他在不断地满足听众内心中的需求。）因此，通过疑问回答做分解可以达到两个目的：第一，表达会非常吸引人，因为说的内容都是对方关心的问题；第二，表达会非常有说服力，因为对方关心的问题已经被一个一个解答过了。

这种思维模式跟平时的正好相反。平时我们更习惯于告诉对方我们有什么，而这种模式是从对方的角度看对方会关心什么。注意，问题的回答是演讲者表达的一级标题，这些标题同样要求有中心思想的主题句，这样就会引发听众听到一级标题后的疑问，接下来演讲者再回答这些疑问，从而构建二级标题。依次类推，直到演讲者觉得已经解决听众的所有疑问并能够接受自己的观点为止，从而完成结构框架的搭建。

当我们提问的时候，不一定在单纯地问为什么。疑问回答的核心思想是我们任何观点的得出，都需要对方在听到这个观点之后会提出哪些问题；或者我们在阐述这个观点的时候，对方已经存在了哪些和这个观点不一样的问题，这些问题就是我们说服他的重点。

我们已经了解到通过建立疑问回答的对话结构能够很好地吸引对

方的注意力。接下来跟大家分享自上而下疑问回答做分解构建金字塔结构的两个步骤：设想问题、回答问题（见图 7-3）。

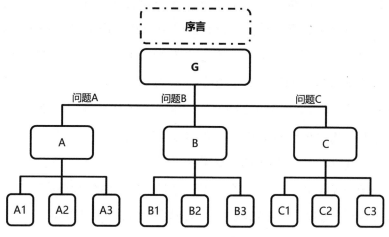

图 7-3　自上而下疑问回答做分解的金字塔结构

第一步：设想问题，从对方角度出发的新模式

设想问题是在已经确定主题的基础上，看对方会关注什么问题。以谈工资话题为例。如果主题是"申请加薪 20%"，可以设想一下，在我们跟上级说涨工资 20% 之后他会关心哪些问题。例如，为什么涨？如何涨？何时涨？不涨会怎样？上级一定会有很多问题，而且每个人的上级关心的问题是不一样的，即使跟你同一个上级的同事去谈涨工资，上级关心的问题也有可能不一样。这些问题都是这个场景下的私人定制问题。

第二步：回答问题，提前想好答案事半功倍

回答已经设想的问题。你把上级可能关心的所有问题都设想出来了之后，如"为什么涨？涨多少？如何涨？"这三个问题，就想好这三个问题的答案，同时要想好这三个答案可能引发的新问题。然后，

循环应用这两个步骤，直到你认为所有问题都被解答了，就完成了金字塔结构的搭建。

有备而来可以提升表达的效果。在你准备和上级谈之前，你的大脑里要有这个金字塔结构。结论是该涨 20%的工资了。不用等上级问，你就可以分别从"为什么涨？涨多少？如何涨？"三个方面阐述你的观点，这就是自上而下搭建结构的一种方式。这种方式与传统方式的区别是什么呢？如果不用这种方式，你去跟上级谈涨工资都会有什么理由呢？首先可能没有结论，然后你可能对上级说："现在的物价越来越高了，买奶粉的钱都不够了，我的工作比去年多了好多，新来的小张跟我学历差不多，干的也差不多，怎么他的工资比我还高呢？……"这些可能就是你涨工资的理由，但这些是你关心的问题而不是上级关心的问题。在你说完这些之后，上级还会问你上面那三个问题。如果你没有准备那三个问题，这次谈话一定会以失败告终，不但没有达成目标，而且给上级留下了很不好的印象。

◄◄ 二、设想问题，从对方角度出发的新模式

为了传递新的信息而进行的表达必然会使对方对内容和逻辑产生疑问。例如，"为什么会这样？""怎样才能这样？""为什么你这样说？"所以自上而下疑问回答做分解这种方式是从对方角度去设想问题的，这一步最大的难点是能否换位思考，因为所有人都习惯了告知对方我们有什么，而不习惯注意对方关注什么。因此，我们要放下自己对问题的认知，完全从对方角度去看，对方接收到信息以后会有哪些疑问。操作时要把所有问题都问到。

（一）转变为以对方需求为中心的思维模式

要完全从对方角度设想问题。从前有一只羊与一头猪被同时关进了畜栏里，结果就发生了表 7-1 所示的一幕。因为羊不是猪，所以从羊的角度去思考，永远不知道牧人要的是猪的命，而不是猪的毛。如果羊能够换位思考，就会明白猪为什么嚎叫，也许会帮助猪逃跑。这是非常典型的没有换位思考的例子。

表 7-1　羊与猪无法换位思考

羊的立场	猪的立场
羊被牧人关在畜栏里，很安静	猪被牧人关在同一个畜栏里，强烈反抗
羊讨厌猪的反抗	猪嚎叫
羊想：就剪个毛而已，有吃有喝，还叫什么	猪哀嚎：吃得越多，长得越肥，命也就丢得越快！再不逃脱，命就没了

营销需要以客户需求为中心，培训课程需要以学员需求为中心，同样自上而下疑问回答做分解的核心理念也是以对方的需求为中心的。要完全从对方的角度去设想，即要想到在对方接收了你传递的主题后会有哪些疑问，而你表达的内容也都是回答对方疑问的。

我曾给一家国内知名的家电企业上课，当时听课的学员是集团各业务部门的财务人员。大家知道各业务部门的财务人员承担的不仅是简单的财务结算职能，更主要的是，要从业务部门战略的角度，参与业务策略的制定。部门负责人找到我时，面临的主要问题有两个：第一，这些财务人员在汇报工作时，主要以汇报财务数据为主，没有结论；第二，汇报时被问几个问题就问倒了，不知道该如何回答。造成这种情况的主要原因，就是财务人员没有站在老板的角度从战略层面去看待问题，汇报前没有换位思考老板会关心哪些问题，以及相应的答案是什么。

再以申请加薪 20%为例。

我申请加薪 20%。

我这几年的业绩非常出色。去年我完成销售额 100 万元，占我们销售组的 40%；去年我还成功地开拓了新客户，使客户的数量增加了 15%；今年前三个季度我的业绩更突出，已完成销售额 150 万元，在销售组中名列前茅。

按照公司的奖励规定，像取得我这样业绩的员工，是应该奖励的。我希望从今年下半年给我加薪 20%。

如果给我加薪的话，我将更加努力，明年的销售额有望达到 200 万元以上，并且开拓更多的客户，把产品销售到东北市场。同时我会把我的经验传授给同事，使公司的盈利更多。

申请加薪 20%的金字塔结构如图 7-4 所示。

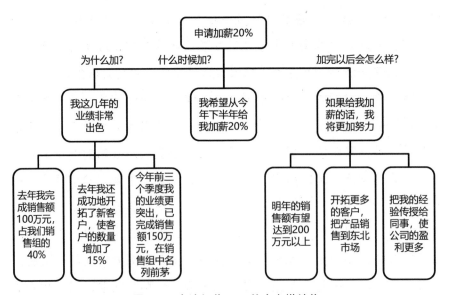

图 7-4　申请加薪 20%的金字塔结构

（二）通过 5W2H 框架确保问题被全面覆盖

主题中涉及的核心关键词必须都被问到。例如，某房地产公司的市场经理准备做一场别墅的推介会，通过自上而下疑问回答做分解来搭建金字塔结构，主题定为"×××别墅是你投资的最佳选择"，然后基于这个主题设想了很多问题，包括为什么买别墅、为什么到这里买、别墅具体位置在哪里、周边设施怎么样、环境怎么样等等。但少了一个特别核心的问题，就是针对"投资"这一关键词，而这个关键词有可能是客户最关心的，所以能否说服对方，结果可想而知。因此，在自上而下疑问回答做分解时，要关注到所有核心的关键词，要看这些关键词有没有被解释全。

为了确保问题不被遗漏，这里介绍一个设想问题的小技巧——5W2H框架。虽然还是 5W2H 框架，但注意，这里的问题和描述问题定方向中的问题是不一样的。

What：是什么？做什么？目的是什么？

Why：为什么？为什么这样做？理由是什么？

Who：谁来做？谁来负责？谁来完成？

When：什么时候开始做？什么时候完成？最佳时机是什么时候？

Where：在哪里做？从哪里入手？

How：如何做？怎么做？

How much：做多少？完成量是多少？合格率是多少？费用是多少？

这些问题并不一定每次都被问到，但通过对 5W2H 框架的分析，可以确保你换位思考时做到全面且具体。表 7-2 可以帮助我们全面厘清问题，设想问题时可以在表中勾选，然后增加完全定制化的问题。

表 7-2　5W2H 框架设想问题表

主题：					表达对象：				
问题种类	5W2H							其他定制问题	
设想问题	What	Why	Who	When	Where	How	How much		
是否									
回答主题									

设想问题不全面的情况经常会发生。一位软件公司的售前工程师去客户处讲标，整个过程特别顺利，在 20 分钟时间内赢得了近 10 次掌声。之后对方的老板也亲自过来祝贺："你讲得真的太棒了。能请教你一个问题吗？你总重复的那个英文单词是什么意思？"大家知道他问的是什么吗？那家软件公司的英文简称。这位工程师在现场演讲时大量引用了公司的英文简称，因为听众不了解，所以不知道工程师说的是什么。因为没有回答清楚"是什么"这个问题，所以非常精彩的演讲也大打折扣。

自上而下疑问回答做分解，同样适用于思考问题。例如，使用 5W2H 框架，可以帮助你准确、清晰地界定问题，抓住问题的本质，有助于提高思考问题的条理性和全面性。但也有人担心，这几个问题就能让我们的思考做到全面吗？当然不会。你知道巴菲特需要思考多少个问题才能做出一个投资决策吗？这是一个从未被回答过的问题，但与巴菲特合作 40 年的查理·芒格可能需要思考 492 个问题。这 492 个问题是《寻找智慧：从达尔文到芒格》一书的作者通过模仿芒格思考问题的方式而列出的一个"问题清单"。这个清单不仅可以用于决定购买哪只股票，而且当你在生活的十字路口前犹豫不决时，也可以把这些问题作为权衡的准则。同理，当你思考任何问题时也可以尝试着从这些问题出发。不过，即便你按照顺序把这些问题都思考了一遍，还是可能出现决策失误，因为每个问题本身都是一个决策，但这无损于 492 个问题本身的价值。当你开始阅读并研究这些问题时，你就迈出了理性思考的第一步。

（三）掌握 2W1H 的简便方法

2W1H 是我们设想问题时经常被问到的核心问题。一次一家企业负责人听完我的讲课后跟我聊天。通过言谈我发现他的思考和表达特别结构化，于是我就请教他是如何训练自己的结构思考力的。他笑了笑说："之前没听过课不知道这叫结构思考，听过课之后才发现，现在看待企业问题和表达时能够如此清晰，跟小时候父亲对我的教诲有关。"原来他父亲在他小时候就告诉他面对问题要从是什么、为什么和如何做三个方面去考虑，久而久之，他的分类能力和概括能力变得越来越强。工作以后这种其他人不具备的思维方式更让他如鱼得水，如今在商场上也算小有名气。我半开玩笑地说，其实您父亲对您的要求可不低啊，跟毛主席教导我们的一样，毛主席教导我们说要发现问题、分析问题、解决问题，其实说的也是"是什么""为什么""如何做"三个方面，也就是 2W1H（What、Why、How）。这三个方面包含于 5W2H 之中，之所以单独拿出来讨论，是因为这三个方面是非常核心的问题，大部分情况下都会被问到，也通常会解决大部分的结构搭建。

下面我们通过 2W1H 的方式快速搭建一个金字塔结构。

公司人力资源部门想利用新媒体为员工搭建一个学习交流的平台，于是开通了一个微信公众平台，需要召开会议向全员宣讲和介绍这个平台，主题定为"×××微信公众平台——

您口袋里的心灵宝典"。该平台可以以最快的速度采用 2W1H 的结构框架来设想问题、回答问题，然后再自上而下找出支撑这三个理由的子理由，或者数据与实施作为支撑，就完成了这次宣讲的内容搭建，如图 7-5 所示。

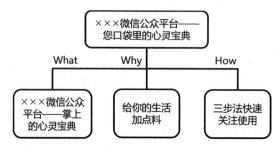

图 7-5　×××微信公众平台——您口袋里的心灵宝典

（四）从 2W1H 到 1-2-3 简易结构思考力模型

假设一天你在走廊里遇到了老板，他随口问你"手头的项目进展如何了"，该如何回答呢？你总不能说："老板，等一下，我画一个金字塔结构，构思一下再汇报……"俗话说"大道至简"。基于 2W1H 这个小技巧，结合结构思考力四个基本特点中的"结论先行"和"归类分组"，还可以总结出一个 1-2-3 简易结构思考力模型（见图 7-6）。

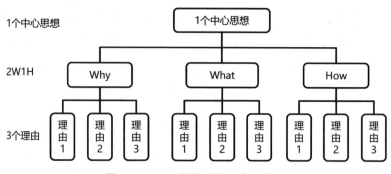

图 7-6　1-2-3 简易结构思考力模型

◀◀ 三、回答问题，提前想好答案事半功倍

作为表达者，你必须在表达的下一层次对引发的问题做出回答，同时你的回答仍然是向对方传递他们不知道的新结论，而这个结论又使对方产生新的疑问，于是你又在下一层次对新的疑问做出回答。你将不断地按照"引起对方疑问并回答疑问"的模式继续你的表达，直到你认为对方不会再对你新的表达提出任何疑问为止。至此你就可以离开金字塔结构的第一个分支，返回结论层继续回答由结论引发的其他疑问。

（一）你的回答必须是结论

答案是结论才符合"结论先行"和"以上统下"这两条标准的要求。

国内某知名IT公司的销售经理为客户提供了一套大型设备，结果交付使用后客户发现该设备的显示屏幕偶尔会出现抖动现象。经过公司技术人员的深入分析和调试，公司认为"图像抖动现象可以改善，但不可避免"。作为销售经理需要将这个结论传递给客户。提前设想客户心中的疑问：首先是"凭什么不可避免"，也就是"为什么"的问题。图 7-7 是通过自上而下疑问回答做分解的方式构建的金字塔结构。

大家体会一下其中的两个核心点。

第一，结论现行，即每个答案的本身是一个结论，不能是"×框架特点的介绍""×框架特点的优劣势分析"。因为只有结论才有可能回答上面设想的疑问，只有结论才能引发下一个层次新的问题。

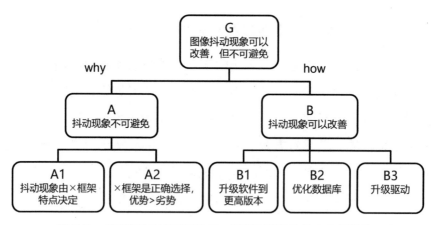

图 7-7 "图像抖动现象可改善，但不可避免"的金字塔结构

第二，以上统下，即下面的每个理由都是回答上面问题的答案。

每个问题的回答都必须是结论，才能更加清晰且有说服力。在实际运用的过程中经常会出现好不容易把问题设想出来了，结果在回答问题时少了结论的情况。

> 一家银行的产品经理想要在一个高端客户产品推介会上介绍白金卡产品。设定的目标是：① 提高白金卡品牌知名度；② 达成现场营销；③ 树立本行企业形象。确定的主题是"非凡礼遇——×××白金卡你值得拥有"。

运用自上而下疑问回答做分解设想了三个问题，结果在回答问题时三个答案都不是结论，如图 7-8 所示。

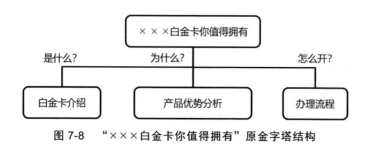

图 7-8 "×××白金卡你值得拥有"原金字塔结构

讨论后这个结论被补充完整，如图 7-9 所示。

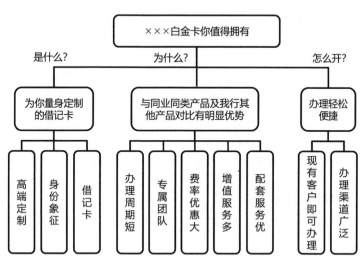

图 7-9　"×××白金卡你值得拥有"优化后的金字塔结构

（二）每个层次都必须是结论

在自上而下疑问回答做分解时，每个层次的答案都必须是结论，不然就不能回答上一个层次的问题，也就无法引发下一个层次新的问题。

例如，某公司的营销负责人向下属布置产品营销的任务（见图 7-10），关于"如何做"的答案是"4P"，然后下面的内容分别是"产品、价格、渠道、促销"。值得肯定的是，在回答"如何做"这个问题时营销负责人使用了营销理论中的 4P 模型，这本身就是一种前人留下的非常成熟的模型。模型也是一种结构，运用现有的结构会让我们快速地把问题考虑得全面且清晰。但是，他应用时存在的问题是 4P 本身不是结论，价格、产品、渠道、促销等也不是结论，4P 仅仅是思考问题的一个框架。如果仅仅这样表达，接收信息者是无法知道具体策略的。

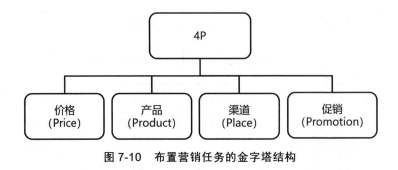

图 7-10　布置营销任务的金字塔结构

作为一种呈现的报告，要求这两个层次上都必须是结论。经过讨论后，把"4P"优化为"以 4P 为指导全面推进行动"，各层次内容的优化如图 7-11 所示。

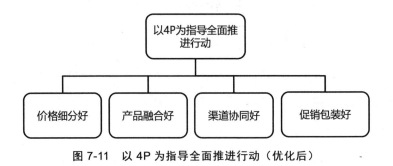

图 7-11　以 4P 为指导全面推进行动（优化后）

这个例子可以让我们体会到有没有结论的差别，没有结论就仅仅是个框架，有了结论才有了灵魂。

各层次的答案都是结论才可以保证在最短时间内把复杂问题表述清楚，而这种情况在日常工作中也很常见。

一家大型国企县级公司的总经理，准备向市级公司总经理办公室汇报一个工作建议，希望增加市县资管专员这个岗位。设定的目标是希望领导能够同意方案，确定的主题是"让

资源管理更高效——建议增加市县资管专岗专人"。图 7-12
是通过自上而下疑问回答做分解的方式搭建的金字塔结构，
尽管设想问题和回答问题都比较全面，但因为各个层次的回
答都不是结论，所以看到这样的框架还是不知道他到底想要
表达什么观点。

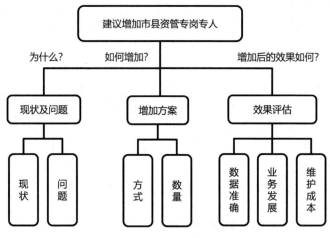

图 7-12　建议增加市县资管专岗专人

与上个例子类似，该例子同样缺少结论。更可怕的是，继续讨论
后发现，该例子不但没有结论，原来的问题也没有问全，所以重新设
想问题后变为：目前有哪些问题？原因是什么？如何解决？效果会怎
么样？然后再一一回答。优化后的结构如图 7-13 所示。

在课上训练时，这样一个完整方案一般都会要求在 90 秒的时间内
完成汇报。最开始时大家都觉得很难，但把结构梳理清晰并完成结论
性的回答后会发现，在 90 秒的时间内可以说清楚任何复杂的方案。

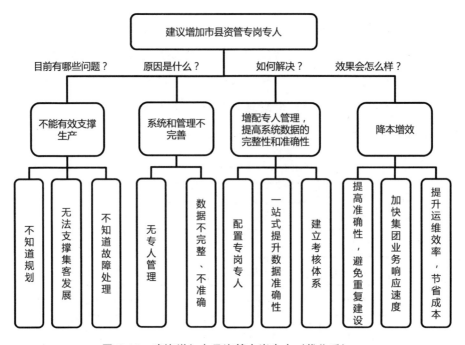

图 7-13　建议增加市县资管专岗专人（优化后）

（三）回答时需要"旧瓶装新药"

要把对方最关心的问题放到关键位置上。如果跟着本书的进度不断应用这些内容，你就会有一个最大体会：回答问题这个步骤是最简单的。因为你就是这项工作的负责人，没有人比你更熟悉你手头的工作了。只是有可能对方所关心的问题的答案在四级甚至五级目录中。例如，向上级汇报一个新产品的营销方案，上级比较关心的是投入产出问题。但这个问题在执行方案的某个小点的某个小小点下，所以通过自上而下疑问回答做分解后，才发现原来这个问题是上级最关系的核心问题之一，就要把它拿到一级或二级目录中。

我把这种方式比喻为"旧瓶装新药"。可以把旧瓶想象成对方思维模式里放的几个瓶子，你要把表达的内容按照对方瓶子的分类放到相应的瓶子里，这样才能得到他的认可。例如，关于新产品，客户关心的是 Why、What、How，如果向客户介绍产品的五大差异、七大优势、八大特点，就完全不符合客户的需求。所以，要将这些内容按照客户对瓶子的分类扔进去。就如同前面那个例子一样，如果那个问题是领导最关心的，你就不能将其放到下面，而要放到相应的瓶子里，这就是旧瓶装新药。

自上而下疑问回答做分解要保证按照问题的分类进行回答。在实际工作中，往往存在很多相反的例子。例如，一位销售客户管理系统的大客户经理，经过对客户调研后发现对方有如下三个问题：第一，客户的来源比较多；第二，客户的项目负责人更换比较快；第三，客户提供的信息不准确。之后提供的解决方案分别从系统性、安全性、保密性、联系性等方面进行，帮助对方解决问题。花了那么大力气去了解对方的问题，结果提供的解决方案跟这个需求完全不匹配，换句话说，那三个问题是客户的瓶子，我们的解决方案要跟客户的瓶子一一对应（把内容装进去），才能让客户理解我们的产品可以帮助他们解决哪些问题。我在各大企业授课过程中发现，大量的售前方案都存在这种问题，项目建议书在呈现客户甲、客户乙和客户丙的不同需求时，只有 PPT 的前三页不一样，后面则完全一样。自上而下疑问回答做分解是基于对方需求来搭建结构、呈现内容的方式，既要保证所有的核心问题都被问到，又要保证按照问题的分类进行回答。

第二节　自下而上概括总结做聚合

我们已经分享完自上而下疑问回答做分解搭建金字塔结构的方式。反过来，还有这样一种情况：需要把一堆素材整理成一个金字塔结构,怎么办?例如,工作总结就是这样的,员工在一年内干了很多活,但是搞不清楚这一年总结的目标是什么、主题是什么、该从哪里开始整理。接下来我来分享第二种构建金字塔结构的方法——自下而上概括总结做聚合。

◄◄ 一、自下而上概括总结做聚合的三个步骤

> 领导:小张,公司最近的业绩情况怎么样?
>
> 下属:公司最近一季的销售额为 200 亿元,利润是……
>
> 领导:所以呢?
>
> 下属:是……好像还有……
>
> 领导:所以呢?
>
> 下属:去掉各种支出的成本是……
>
> 领导:所以业绩是好还是不好?
>
> 下属:比上季度有所提升。
>
> 领导:我知道了……

面对零散的信息,我们通常无法清晰地理解和传递其中的意思。小张为了回答领导的问题,拼命地传达信息,领导却大发脾气,问题在于领导想知道的是结论,而小张给的全部都是数据和事实……所以,在汇报工作之前,需要把这些数据和事实整理总结成相应的结论并传递给对方,才算有效地表达了观点。

那么,该如何通过自下而上概括总结做聚合来搭建结构呢?我们一起来看一个例子。

> 俗话说:"不怕相亲次数太多,就怕见面时才发现对方跟媒人描述的样子天差地别!"如何在杂乱的信息中清晰地理解

媒人表述的内容？假设有人想给你的一位女性朋友介绍男朋友，你问他那个男人怎么样。他给你的回答是："那个小伙子真是个不错的人，他的个头高高的，帅极了，富有人情味儿，思考的逻辑性很强，记忆力也是出类拔萃的，待人和蔼可亲，擅长数字方面的计算，是个非常潇洒的小伙子……"他的描述涉及了与这个人相关的八条零散的信息。你的第一感觉是这个人很不错，但到底哪儿不错呢？怎么跟你的女性朋友说清楚呢？类似的情况在工作中也经常发生。例如，当跟客户反馈建议、跟领导汇报工作、跟同事沟通方案时，你手头都是杂乱无章的零散信息，自己都很难理解这些信息，更别说有效传递出去了。

我们可以通过结构思考力解决这个相亲问题。

首先，罗列出这八条信息。

① 个头高高的。

② 帅极了。

③ 富有人情味儿。

④ 思考的逻辑性很强。

⑤ 记忆力也是出类拔萃的。

⑥ 待人和蔼可亲。

⑦ 擅长数字方面的计算。

⑧ 是个非常潇洒的小伙子。

其次，经过分析，把这八条信息分为如下三类。

1. 包括记忆力也是出类拔萃的、思考的逻辑性很强、擅长数字方面的计算，这三条信息都是跟"头脑"相关的。

2. 包括富有人情味儿、待人和蔼可亲，这两条信息都是跟"待人"

相关的。

3. 包括个头高高的、帅极了、是个非常潇洒的小伙子，这三条信息都是跟"外表"相关的。

将这些信息分类后并放入金字塔结构中，如图 7-14 所示。

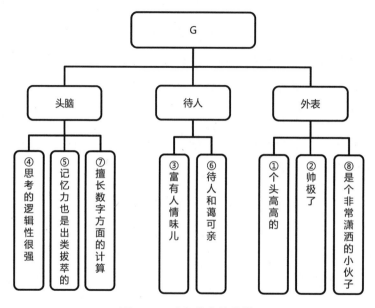

图 7-14　八条信息的分类

将上面三个分类分别根据不同的要点进行概括总结，如图 7-15 所示。最终清晰表述这个人："这个小伙子的脑筋好、待人亲切且一表人才。"

上述过程就是一个典型的自下而上概括总结做聚合的过程，分为三个步骤。

第一步：收集信息。将能够收集到的信息全部罗列出来，例如前面例子中的八条信息。

第二步：分类。这一步的原则是"归类分组"，确保同一组的思想都属于同一个范畴。

　　第三步：概括总结。例如前面的例子，通过下面八条信息所传达的观点，分类并概括总结出一个结论。还可以继续往上概括，直到金字塔结构的塔顶得出最终的结论为止。

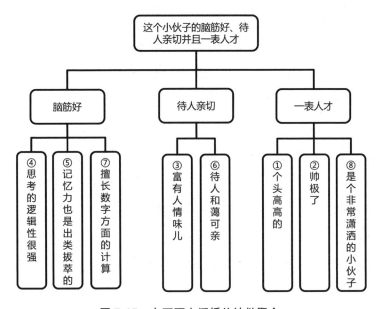

图 7-15　自下而上概括总结做聚合

　　自下而上概括总结做聚合不仅让观点更加清晰，也是一个发现新思想的过程，而且收集信息、分类、概括总结也是人类理性思考的原点。因为本书不介绍如何收集信息，而且分类的具体方式在第八章会重点介绍，所以本节重点介绍第三步，之后再以案例的方式给大家分享这三个步骤的具体应用。

◄◄ 二、概括总结：杜绝"没有中心思想的主题句"

　　自下而上概括总结做聚合主要解决的问题是避免没有中心思想的

主题句出现，换句话说，就是得出结论，告诉对方你想表达的关键信息是什么。

方法 1：寻找共性，通过共同点概括结论

有一天，一家房地产公司的老板问市场经理："张经理，为什么要将小户型作为首期产品推出呢？"市场经理回答道："首期推出小户型主要基于以下几点原因……"提示一下，如果把这句话作为表达的主题，我们把它叫作没有中心思想的主题句，即不是结论。市场经理继续道："第一，来电客户多数关注小户型；第二，来访客户大多偏好小户型；第三，缴纳诚意金客户以小户型为主……"如果还有第四、第五、第六等，公司老板就必须等他把所有的点都说完，才能知道他想要表达什么。当然，有可能听完也不知道他到底要表达什么。因为他的表达中缺少一个结论，所以我们尝试着补上这个结论。

前三点的一个共性是关注小户型的客户多（见图 7-16），结论可以概括为"小户型客户蓄客量充足"。在概括的过程中，要注意对专业词汇的掌握和运用。你可以体会一下，老板为什么问首期推出小户型。市场经理说首期推出小户型是因为小户型客户蓄客量充足，如果老板时间紧张，听到这里就可以走了，因为老板已经知道市场经理制定这个策略的原因了。

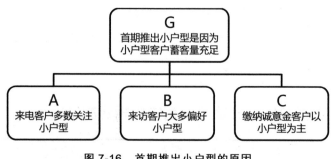

图 7-16 首期推出小户型的原因

所以，有没有结论的差别非常大。未来在任何口头和文字表达中我们都要杜绝"没有中心思想的主题句"出现，必须有结论。

我们再看一个例子，跟《政府工作报告》跨界学习概括总结。

为了更好地稳增长、调结构、促改革、惠民生，我们应当：

- 适当增加财政赤字和国债规模；
- 结合税制改革完善结构性减税政策；
- 着力优化财政支出结构。

"为了更好地稳增长、调结构、促改革、惠民生，我们应当……"这句话就没有概括出行动来，即没有观点。所以，要看这三点有什么共性。仔细分析后发现，三者均为财政政策，而且都是积极的财政政策。因此这个结论就可以是"为了更好地稳增长、调结构、促改革、惠民生，我们应当继续实施积极的财政政策"（见图 7-17）。

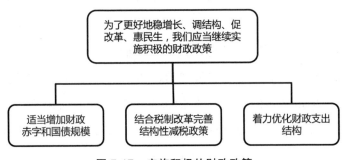

图 7-17　实施积极的财政政策

这个例子只是我从《政府工作报告》中摘取的一小部分，图 7-18 展示了与图 7-17 内容并列的另一部分。实际上，整个工作报告的文章结构都符合结构思考力。

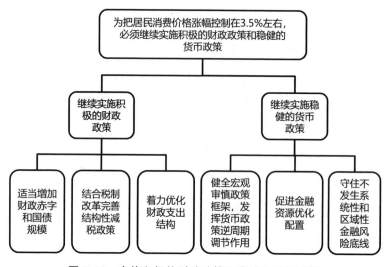

图 7-18　实施积极的财政政策和稳健的货币政策

方法 2：情景想象，面对面时你会跟对方说什么

大家应该都看过类似图 7-19 这样的报告标题或者 PPT 标题吧？"2006—2015 年中国互联网支付市场交易规模"，又是一句没有中心思想的主题句。如果现在让你给它加一个结论，你觉得怎么加？例如，"2006—2015 年中国互联网支付规模逐年增长""2015 年将突破×××亿元""从 2006 到 2015 年将增加×××倍"……你会发现一个很有意思的现象，同样的数据必须加上结论才有意义，而这个结论并没有标准答案，取决于你用这些数据到底想要表达什么。

如果在使用数字的相关信息时缺乏主题句，就会带来更多歧义。这种歧义非常普遍，而作为信息接收者的对方就需要猜我们的结论。即便看报告的人和你有同样的知识背景，可以得出跟你一致的结论，但在这个过程中会增加对方的理解难度。因此，这就要求我们在未来的表达过程中杜绝出现任何"没有中心思想主题句"的表达。面对结论先行的标题，人的大脑会迎合金字塔顶端的信息，主动去下方寻找支持该结论的依据，有利于提高表达和说服的效果。

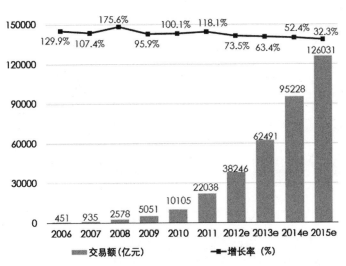

图 7-19　2006—2015 中国互联网支付市场交易规模

关于这类没有结论的例子，有一个比较简单的方法，就是放下报告和 PPT，想象一下面对面跟对方表达时，基于这个内容你会阐述什么观点。

我去一家工程公司上课时，学员给我一张 PPT，如图 7-20 所示。这张 PPT 是放在项目方案中给客户的工程部门看的。当看到这张 PPT 时，你觉得它想表达什么？介绍什么是 ISPE 生命周期？还是……我们很难猜出来。于是我就问学员，他到底想要表达什么。开始的时候，他给我的答案是"想向客户介绍 ISPE 生命周期"，我又继续追问他，跟客户说 ISPE 生命周期的目的是什么，或者为什么想要介绍这个。他给我的答案是："想告诉客户我们公司可以给对方提供基于 ISPE 全生命周期的服务。"所以，你觉得 PPT 的标题应该改成什么呢？其实就是他说的那句话"×××公司可以提供基于 ISPE 全生命周期的服务"。

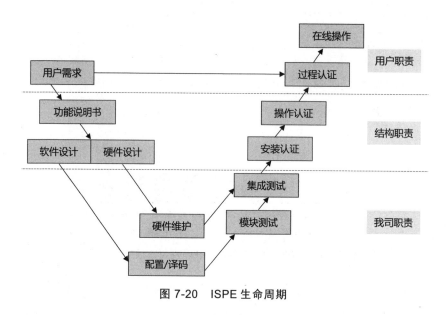

图 7-20　ISPE 生命周期

自下而上概括总结做聚合的结论也是为总目标服务的。

　　有一次我在一家金融公司上课时，学员给我交了一份经营业绩分析报告，由银保业务数据分析、产品结构图、渠道贡献图、银保人员活动率等各种描述性的事实和数据构成。整个报告看下来通篇没有任何结论。他听完课之后，对我说："老师，我之前做的根本不能叫分析报告，应该叫数据统计图。"后来经过沟通，我发现没有结论也是可以理解的，因为这个模板是公司总部给的，每个月都要按照模板来填数据，具体这些数据交上去用来做什么他们自己也不知道，所以也没法儿给出结论。换句话说，没有目标的报告就无从给出结论，因为没有目标所以没有任何立场，没有任何立场的报告充其量只能被称为数据统计表而已。

方法 3：善用修饰，提出可以感动人心的结论

我在网络上看到过这样一段视频：一位盲人老人坐在路边乞讨，老人旁边立着一块牌子，路过的行人偶尔会有人放一些钱。后来有一个人对这块牌子上的字稍微修改了一下，之后就有很多人给老人钱了。

后来，我在课上就把这个视频讲给学员听，并问他们那个人在牌子上做了哪些修改，以及为什么修改前后会有这么大反差。原来老人在牌子上写的是："我是盲人，请帮帮我！"那么，后来那个人修改了什么呢？

很多人七嘴八舌地开始猜测。在不看下面的答案之前，你也可以发挥自己的想象力。

是"我还差五块钱就够回家的路费"？这是典型的火车站去多了的人。

揭晓答案："如此美好的一天，我却看不到它。"

从写实到煽情，视频最后也总结了一句话叫"Change Your Words，Change Your World"（改变你的语言，改变你的世界）。

大家可以体会一下，同样一个事实，用不同修辞手法去描述，对于人情绪的影响是不一样的。所以，自下而上概括总结做聚合也同样要求大家在得出符合"结论先行""以上统下"的结论后再把它修饰出来，以达到不同的感染效果。

图 7-21 是一个典型的结构混乱且没有结论的 PPT。

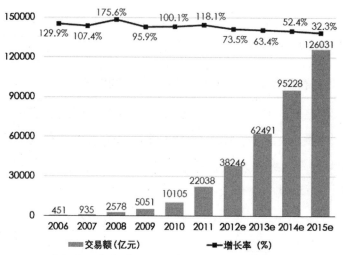

■ B2C 网站与信用卡支付。2011 年网上支付交易额规模的增长，得益于两个因素：一是网上支付安全性和易用性的提高，使得信用卡在网上支付受到越来越多的网民青睐，已有用户的使用黏性进一步提高；二是网上支付平台积极而踏实的深耕和拓展应用行业，使得网上支付的应用领域延伸至日常生活的各个方面，在各领域的渗透率逐渐提高，因此提高了交易规模。

以支付宝近 1 万亿元的支付为例，信用卡支付和分期有非常大的需求，目前支付宝分期支付已经逐步开展，市场份额非常可观。

■ 全球网上购物者主要的支付方式为信用卡支付、银行转账、货到付款、PayPal 支付、借记卡支付，分别有 59%、23%、13%、12%、11%的网上购物者表示使用上述支付方法。

图 7-21　2006—2015 年中国互联网支付市场交易规模

第一步：收集素材，目前这里的信息已经有了。

第二步：分类，经分析发现这里一共涉及两大类信息。第一类是互联网支付现状的一个统计，第二类是信用卡支付与 B2C 网站的关系的数据统计。

第三步：总结概括，不但有结论，而且用修饰的方式让结论更有感染力。

最后成果如图 7-22 所示。

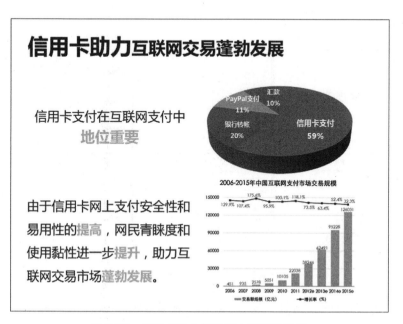

图 7-22　信用卡助力互联网交易蓬勃发展

▌◀◀ 三、他山之石：实践案例分享

本节分享的案例均为我的学员学习完课程以后在实践中的工作案例。为保证案例的鲜活性和原汁原味，在收录过程中为了隐去学员企业的信息做了简单修改和简化。

案例 1：×××部门职责介绍

企业的很多场合都会涉及部门职责的介绍，本案例为在企业内部向同事尤其是新同事介绍本部门的职责。

第一步：收集信息

做部门职责介绍最简单的方法就是找到部门职责文件，因本书不重点讨论如何收集信息，所以直接呈现出以部门职责文件为基础的 PPT，如图 7-23 所示。

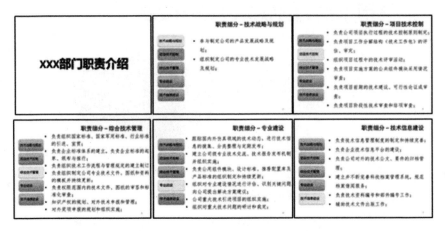

图 7-23 ×××部门职责介绍 PPT

你看后有什么感觉？这是 Word，还是 PPT？这种直接将 Word 文本复制进 PPT 的做法很常见。换位思考一下，如果你是听众，这样向你介绍这个部门是做什么的，你有兴趣听吗？就算有兴趣听，你觉得你能记得住吗？

第二步：分类

原始的 PPT 可取的一点是，把工作职责划分为五大类，而且用导航的方式呈现。我们看一下这五大类都是什么：

- 技术战略与规划。
- 项目技术控制。
- 综合技术管理。
- 专业建设。
- 技术信息建设。

可以用图 7-24 的方式继续分类。

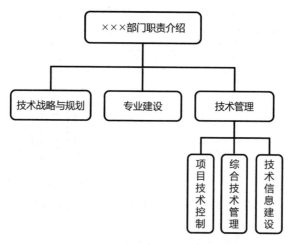

图 7-24　×××部门职责介绍内容分类

第三步：概括总结

给每组总结出有中心思想的主题句，然后给整个部门职责介绍概括出一个总的结论，这样才能保证介绍完以后，大家知道这个部门到底是做什么的。经过分析发现，在企业发展方面，要全面参与产品与技术发展的规划、在战略规划工作中要绝对牵头，所以概括出的结论是"企业发展的指引者"；在专业建设方面，从跟踪和引进国外的先进技术到组织内部交流，再到引进项目的组织实施，都要涉及，所以概括出的结论是"专业建设的实施者"；在技术管理方面，内容基本涉及控制、管理等关键词，所以概括出的结论是"技术水平的把控者"；最后给部门概括一个核心定位，即它是企业"航母"的领航员。整个概括过程如图 7-25 所示。

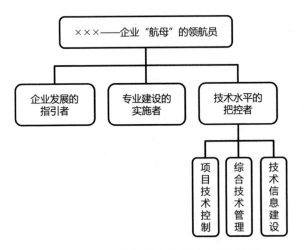

图 7-25　×××部门职责介绍内容概括总结

按照新的结构修改完后的 PPT 如图 7-26 所示。

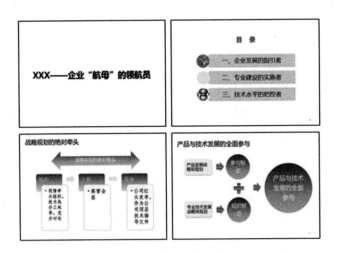

图 7-26　×××部门职责介绍优化后 PPT（节选）

案例 2：专业技术介绍

在企业内还有一类表达和呈现是最让人头疼的，就是专业技术介绍。基本上，非专业人员一听就要睡着，专业人员一听也经常有一半人睡着。接下来分享的这个案例，是一个非常专业的技术类课题介绍，是公司的研发团队在完成相关系统研发后准备申请投入产品开发阶段的一个工作汇报。如何能让技术类的语言清晰、简单？如何让信息更有效地传递？我们一起来看这个案例的变化过程。

第一步：信息收集

老规矩，不阐述怎么收集信息了，直接给大家看这个案例的原始素材（见图7-27）。不用我说，相信看到这样的片子你也会忍不住要睡觉。

图 7-27 电梯远程监控软件系统设计 PPT

我们对原始素材中的信息进行还原和汇总，可以罗列出如下内容。

主题：电梯远程监控软件系统设计（1）

● 课题设计的主要任务（2）

- 软件设计基础（3）

一、××××开发平台（4）

编译环境下调试器设置（5）

二、基于硬件的程序设计准则（6）

三、程序主要流程（7）

常见 AT 指令功能介绍（8）

- 远程监控分站软件设计（9）

一、远程监控分站主程序的设计（10）

二、远程监控分站串口通信子程序的设计（11）

三、远程监控分站电梯控制系统信号采集程序的设计（12）

- 监控中心站软件设计（13）

一、设计思路（14）

服务器端监控应用程序的流程图（15）

二、数据维护模块软件设计（16）

三、数据分析模块软件设计（17）

四、监控中心站数据库设计（18）

第二步：分类

本案例的大框架分类还不错，最头疼的问题是大量的文字信息和各种没有结论的表述，导致看完以后完全不知道对方想要表达什么。接下来我们在现有信息的基础上开始对它们进行分类。刚才也提到，现有的分类比较清楚，只是最后两张 PPT 都是阐述软件开发成果的，最好放到一个类别下，而个别三级目录中的一些表述会有一些交叉。经过分析，调整完的分类如图 7-28 所示。

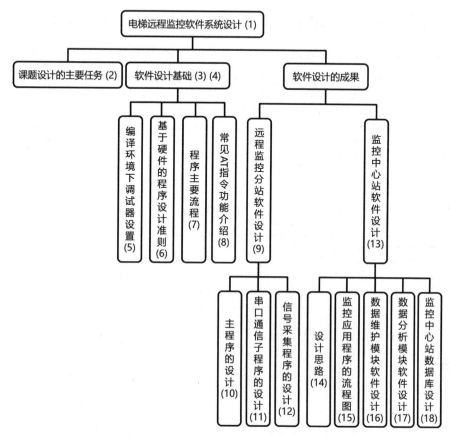

图 7-28　电梯远程监控软件系统设计（分类后的金字塔结构）

第三步：概括总结

通过上述分析会发现，本案例的重点全在概括总结部分，因为通篇都没有结论，完全都是数据和信息的罗列，不知道想传递什么信息，所以我们逐一自下而上进行概括。首先将三级目录的各个主题的表述全部基于想要表达的内容转换为有中心思想的主题句，之后再将每个部分的主题进行概括。

经过分析会发现，第一部分课题设计的主要任务是未来能够面向产品研发，但在研究中的主要关注点是通过监控中心站和远程监控分站两部分组成后让系统能够更加简化，因此第一部分的结论概括为"电梯远程监控系统由两部分组成使系统简化"并精简为"系统组成更简化"。第二部分软件设计基础，主要想通过介绍开发软件的使用方法来介绍软件开发平台非常便捷，所以概括总结为"开发平台很便捷"。第三部分重点强调成果，所以被概括为"软件设计有成果"。最终总的结论为"电梯远程监控软件系统设计成果显著"。（见图 7-29）

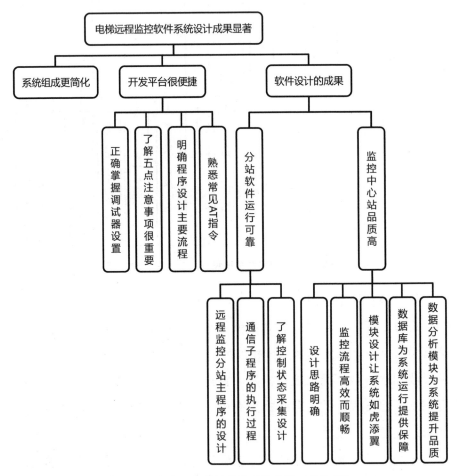

图 7-29　电梯远程监控软件系统设计（优化后）

第三节 上下结合两种方法不可分

纵向结构中的两种方法一般都是同时使用的。

到目前为止，我们已经基本完成了本书第七章所有内容的分享。在纵向结构中一共有两种搭建金字塔结构的方法，分别是自上而下疑问回答做分解和自下而上概括总结做聚合，并分别从方法、技巧和案例等方面做了详细的介绍。

你觉得这两种方法中哪种方法比较好？要看情况。当目标特别明确的时候，使用自上而下疑问回答做分解这种方法。例如，参加竞聘时你的目标非常明确，一定是自上而下搭建结构会更好。当没有目标的时候，使用的是自下而上概括总结做聚合的方法。例如年底写工作总结的时候，如果不知道要表达的目标是什么，就把全年所做的事情列出来，然后按照工作内容进行分类，之后将每个类别概括出一个结论，最后将这些结论往上概括出一个总的结论，便完成了金字塔结构的搭建。提醒大家的是，在实际工作中不太可能只用一种方法就把结构搭建完了，一定是两种方法同时使用。如果没有最原始的素材，回答问题的时候你就不知道该如何回答；如果没有目标，向上概括总结的时候你就不知道该表达什么结论。

还记得之前那个白金卡案例吗？最开始使用自上而下疑问回答做分解时，没有一级目录的结论。这时如果想要把结论补全就有两种方法，第一种是继续自上而下去想，这三个结论应该是什么；第二种是自下而上去想，三级目录中的要素可以概括成什么结论。

在本章中我们在自上而下疑问回答做分解中使用的案例大多是从无到有的过程。其实现实中没有那么残酷，就算使用自上而下疑问回答做分解的方式搭建金字塔，你也一定有很多素材。

　　某个研发项目的负责人要做项目的阶段性汇报。这次汇报是他负责的采用新技术研发的教员控制台软件课题进展到一个里程碑节点后，向公司主管领导、专业组组长、项目经理以及相关工程师做的技术汇报。设定的目标是让大家了解课题背景、技术特点、相对于公司现用教员控制台软件的优势等。主题是"让教员控制台软件更显专业化，项目应用更简单化——基于WPF的通用可配置式教员控制台软件研发课题"。

首先，用自上而下疑问回答做分解的方法搭框架

第一步：设想问题

要设想公司的领导和相关专业人员会问哪些问题。我们从他们的角度设想了三个问题。

　　第一个问题是项目的背景是什么，为什么做，要解决什么问题（这个问题专业组组长不会问，不过第一次参加项目会的人一定会问，所以也列在这里）。

第二个问题是项目进展得怎么样。

第三个问题是目前的成果如何。

第二步：回答问题

回答问题对你来说是最简单的，因为没有人比你更熟悉你的项目。当然也可以尝试自下而上概括总结做聚合这种方法，从素材出发往上得出结论。

其次，用自下而上概括总结做聚合的方法完善框架

第一步：信息收集

所有与项目相关的信息如下：

1. 开发背景（1）

2. 技术对比（2）

3. 功能及性能对比（3）

4. 架构设计（4）

设计主旨（5）

需求%依据（6）

5. 开发实现（7）

开发实现——基础界面元素（8）

开发实现——复杂实现（9）

开发实现——界面设计（10）

开发实现——网络传输（11）

6. 应用示例（12）

第二步：分类

分类可以参考自上而下的三个疑问，也可以直接分为三类：第一，项目背景，为什么做；第二，项目进展；第三，项目成果汇报。

把所有信息分别放入三个类别里，多余的处理掉，因为你已经通过自上而下疑问回答做分解知道听众根本就不关心这些多余的信息。（见图7-30）

第三步：总结概括

第一部分项目背景明确了两个要点，一个是研发课题需求，另一个是需要解决目前遇到的实际问题，所以内容概括为"应需求启动课题解决核心问题"。第二部分项目进展，因为本项目分三个阶段进行，目前进展完全按原计划执行，所以结论概括为"按计划稳步执行中"。

第三部分项目成果汇报，包括性能优越、架构设计合理和项目应用简单，所以概括为"开发成果显著"。（见图 7-31）

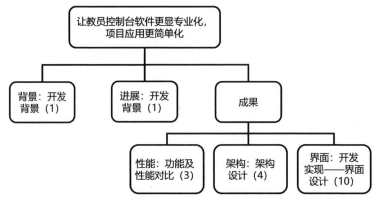

图 7-30　让教员控制台软件更专业化，项目应用更简单化（分类后）

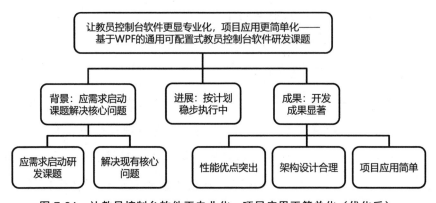

图 7-31　让教员控制台软件更专业化，项目应用更简单化（优化后）

通过先自上而下、后自下而上的两种方法的搭建，终于完成了一份观点清晰、简洁明了的 PPT。

在这个例子中，相当于是先自上而下搭建了一个初步框架，再自下而上去完善这个框架。另外，可以先自下而上搭建初步框架，再自上而下去验证这个框架。总之，两种方法可以同时应用，因为它们是人类理性思考的不可分割的方法。

　　总体来说，我们思考任何问题都会经历这样几个步骤：第一步确定主题；第二步基于主题进行发散；第三步把想到的内容聚合浓缩为一个有用的结果。例如，分析一个问题的原因，一定是先发散想出好多原因，再聚合确认最终的要因。

结构思考力体操

　　将上一章练习中已经明确目标、主题和序言的内容，运用本章学习的内容按照标准和方法进行完善。首先运用自上而下疑问回答做分解搭建金字塔结构的框架，然后通过自下而上概括总结做聚合的方法将金字塔结构进行完善，并保证无论任何层次的纵向之间都符合结论先行、以上统下的原则，最终形成这个主题的金字塔结构。

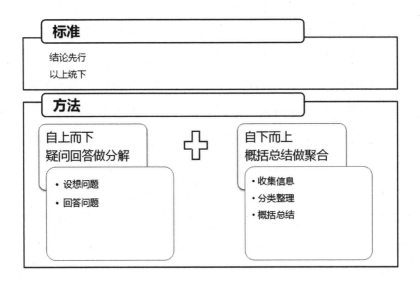

第八章

横向结构选顺序

通过上一章的学习，你已经可以快速通过结构思考力纵向结构的两种方法，完成思考和表达时金字塔结构框架的搭建。而这个框架完全符合"结论先行""以上统下"的基本特点，不但观点明确，而且完全从对方角度出发，说服力极强。但结构思考力四个基本特点中的"归类分组""逻辑递进"还没有探讨，也就是说，某组思想中的要素是否属于同一个类别、这些要素的呈现是否符合一定的逻辑顺序还没有被确认。本章重点解决每组思想如何"归类分组"和"逻辑递进"的问题，我们称之为横向结构选顺序，让思考不再混乱。

我们先来探讨一个典型案例。如果一位男士向一位女士求婚，他的结论就是"你嫁给我吧"。你想想，接下来怎么说，给出哪些依据会更有说服力呢？在我的课上讨论这个问题，一般会有这样几种表达方式。例如，有人说："你嫁给我吧，我有车，有钱，有房，而且年龄合适，还能对你好。"但这些表达方式都得不出一个必然结果，因为这是对一类人的描述，凭什么是你而不是别人呢？类似的方式见图 8-1。这种清晰罗列要点的方式在横向结构中称为归纳。

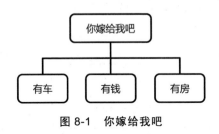

图 8-1 你嫁给我吧

只有提前了解对方的需求，才会更有说服力。有一次我在一家企业上课，一位女士站起来发言，当场背诵了下面这段话："虽然我没有车、没有房、没有钱、没有钻戒，但是我有一颗陪你到老的心。等你老了，我依然背着你；等你没牙了，我就嚼碎了再喂给你吃；我一定等你死了我再死，要不把你一个人留在世上我做鬼也不放心。"这是电视剧里的台词。结果大家好奇地问，为什么可以背诵得这么完整呢？原来是那位女士内心深处特别期待这样被求婚。换句话说，向这位女士求婚比较简单，把上面这段话背出来也许就可以打动她，因为这是她内心所需要的。所以，想要说服一个人需要提前了解对方的需求是什么，这样才会更有说服力。

我们把这个说服过程分为三个步骤。第一步，客观地帮女士分析，她适合嫁给什么样的人。例如，她希望不但在物质上可以带来安全感，要有车、有钱、有房，而且更看重精神上的交流，要有类似的价值观。这个分析她会非常认同，因为这不是你拍脑袋想出来的，而是基于她的需求分析得来的。第二步，说出我就是这样的人，符合你需求的条件 1、条件 2……第三步，得出结论——你嫁给我吧。

这种方式在横向结构中称为演绎的三段论（见图 8-2），大前提是

"你适合嫁给什么样的人",小前提是"我就是这样的人",结论是"你嫁给我吧"。更经典的例子就是,大前提是"所有人都会死",小前提是"苏格拉底是人",结论是"苏格拉底一定会死"。这种说服人的方式可以得出一个必然结论,非常有说服力。

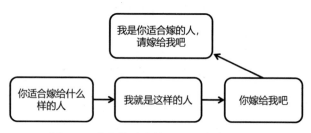

图 8-2　我是你适合嫁的人,请嫁给我吧

在横向结构中,我们关注的是同一组思想的横向之间是否做到归类分组和逻辑递进。综上所述,在横向结构中一共有两种方式,清晰地罗列要点叫作归纳,有针对性的说服叫作演绎。归纳论证是将一组具有共同特点的思想归类分组并概括出的结论;而演绎论证是对演绎过程的概括,重点在于演绎推理过程的最后一步的结论。

第一节　选择演绎,让说服更有力

为什么一位毕业没几年的咨询顾问,可以面对一位头发花白、在商场打拼数十年的企业总裁侃侃而谈,而企业还愿意付高额的咨询费用呢?原因在于咨询顾问的思考方式,而演绎也正是咨询顾问理性思考的根本。本章重点介绍横向结构中的演绎论证,让你的思考和表达也可以像咨询顾问一样有说服力。

演绎是从普遍性的理论知识出发,去认识个别的、特殊的现象的

一种论证推理方法。图 8-3 是一个演绎的结构，也是我们非常熟悉的三
段论：大前提、小前提和结论。在横向结构中我们关注的是，这三个
要素之间的横向关系，因此演绎的金字塔结构与前几章看到的结构略
有差别，大前提、小前提、结论是横向画出来的。最上面的中心思想
就是对下面这个论证过程的自下而上的概括总结。

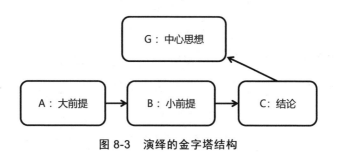

图 8-3 演绎的金字塔结构

演绎论证有两种形式：一种是标准式，另一种是常见式（见图 8-4）。
演绎三段论就是标准式，而现象、原因、解决方案就是常见式。例如，
现象是空气污染指数上升，原因是工厂排放大量污染物，解决方案是
加强对工厂监管。

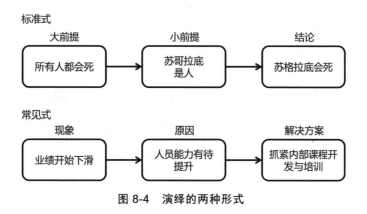

图 8-4 演绎的两种形式

⏮ 一、标准式：理性思考的根本，让表达极具说服力

（一）标准式是人类理性思考的根本

标准式的演绎是人类理性思考最重要的组成部分。演绎论证是由亚里士多德提出的，可以说演绎的提出对于逻辑学的发展迈出了关键的一步，创立了以"推理形式"研究为核心对象的"形式逻辑"。演绎的提出把推理中的"思想形式"与"思想内容"因素明确区分开。亚里士多德发现，一个推理的前提能否合理地得出结论，实际上并不取决于前提和结论的思想内容，而取决于其思想形式。大家看看下面两个例子。

例 1　所有哺乳动物都是有心脏的动物，所有马都是哺乳动物，所以所有马都是有心脏的动物（见图 8-5）。

图 8-5　标准式例 1

例 2　所有有心脏的动物都是有肾脏的动物，所有马都是有心脏的动物，所以所有马都是有肾脏的动物（见图 8-6）。

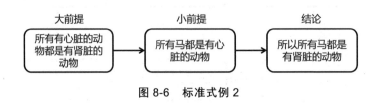

图 8-6　标准式例 2

这两个推理的大前提和结论的"思想内容"并不相同，但是它们的形式是相同的。如果用更直观的形式表示就是：

所有 M 都是 P，所有 S 都是 M，所以所有 S 都是 P（见图 8-7）。

图 8-7　标准式的直观表示

给大家介绍这些背景是希望大家去深刻体会，演绎之所以在结构思考力中的说服力非常强，是因为它有强大的逻辑学理论作为依据。关于逻辑的内容读者可以阅读一些相关图书。

（二）标准式让表达极具说服力

有这样一个小故事，它发生在 200 多年前法国著名的动物学家居维叶和他学生之间。

居维叶正在睡觉，他的一个非常顽皮的学生装扮成一只头上竖着两只大角、四肢长着蹄子、张着血盆大口的"怪兽"，偷偷地溜进了居维叶的房间并发出了非常凶猛的叫声且做出吃人的样子。居维叶被惊醒后一愣，借着微弱的灯光看了一眼这个"怪兽"，说了句"原来是个吃草的家伙"后就又安稳地睡觉了。这个学生的恶作剧没有成功，只好无趣地回去了。为什么居维叶看一眼就说是个吃草的家伙，没有一点害怕就安稳地睡觉了呢？第二天，学生带着这个疑问去请教居维叶。居维叶说："判断一个动物是吃草的还是吃肉的，只要看一下它的四肢、口腔、牙齿和颌骨就会一清二楚。如果一个动物是吃肉的，它的口腔上下的骨头和肌肉一定适宜吞食生肉，牙齿一定十分锋利，能嚼碎生肉。眼睛、鼻子、耳朵一定善于发现远处的猎物，它的四肢也一定适宜追赶、抓捕猎物。昨天晚上那个怪兽，我一看它的四肢，就知道它是吃草的，不会伤害我，因为它的四肢上长的是蹄子，坚硬的蹄子是不适宜追赶、抓捕猎物的。像老黄牛和山羊的蹄子是抓不住任何小动物的，所以可以断定那个怪兽是吃草的。"

居维叶的这个思考过程就运用了标准式的推理过程。

×××银行为大客户提供的融资解决方案的推介框架，运用了标准式演绎，以便说服客户，如图8-8所示。

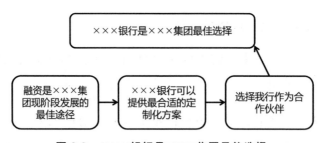

图 8-8　×××银行是×××集团最佳选择

如果在工作中发现某些观点是对方不愿意接受的，可以尝试运用标准式演绎形成自己的观点，并且论证这个观点。也就是说，在横向结构中运用标准式演绎来表达会得出一个必然的结论，让你的表达更加有说服力。而熟练运用标准式演绎必须掌握正确的大前提，因为这些大前提都是一些一般性的原理、行业规律、基本规则等常识。

⏮ 二、常见式：最常见、实用的说服方式

（一）常见式真的很常见

刚才已经提到，识别现象、原因和解决方案也是一种演绎结构的

形式。你会发现就算没学过结构思考力，也会经常使用它。例如，写工作总结时首先会写工作中遇到了哪些问题，然后分析是什么原因造成的，最后提出几项解决方案，这种逻辑就是常见式的演绎结构。而这三个方面跟我们在纵向结构中提到的小技巧 2W1H 也是对应的——现象是 What，原因是 Why，解决方案是 How。所以我经常说"常见式"并不是什么新鲜东西，它真的很常见。接下来我们看一个案例。

　　某业务团队的负责人希望跟上级建议增加客户经理的一个支持团队，以提升营销拓展效能。之前已经运用纵向结构搭建出了金字塔结构的框架，目标是"争取办公室同意启动该项目，按本方案实施该项目"，基于目标确定的主题是"内外兼修，放飞营销，建立支持客户经理团队，提升营销效能"，并且为保证思考全面又运用了 2W1H 设想问题。在了解到演绎常见式结构后，发现正好与之前的框架契合，于是按照现象、原因、解决方案三部分展开（见图 8-9）。

常见式是工作中最常见的表达方式，同样可以达到增强说服力的作用。它相当于从是什么、为什么、如何做三个方面有力地支撑了你的结论，比较适用于问题解决、专项汇报、方案推介等内容的呈现。在方案清楚地构思出来后，你就算不用 PPT，也可以用口头表达信心满满地在 3 分钟内把事情说得清清楚楚。

（二）常见式真的很实用

　　之前，我们已经运用纵向结构搭建出了结构框架。如果觉得某部分内容对方难以接受，也可以尝试着运用演绎的常见式结构去调整。与标准式相比，常见式的优势是，一级目录就能体现，也容易让人接受。大家回忆一下 2W1H，很多方案就是按照这种方式呈现的，在此使用常见式演绎结构，则进一步明确了背后的逻辑。

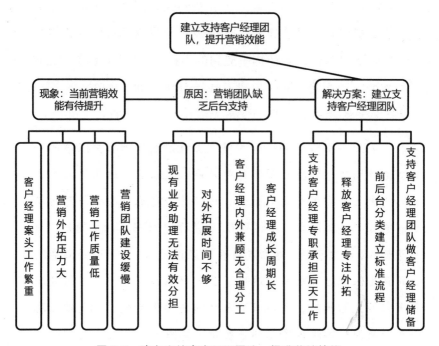

图 8-9   建立支持客户经理团队，提升营销效能

常见式（现象、原因、解决方案）因为既暗含了 2W1H 的技巧，保证思考的全面，又是逻辑清晰的演绎，所以它会让你的表达既全面又很有说服力，在日常工作中更容易被使用。

案例 1：改革创新，降本增效，提升经营业绩

某企业战略规划的负责人为了更好地落实战略规划，准备了一场面向所有中层干部的战略规划的宣贯。目标是统一思想，明确目标，清晰举措，激励创业，提高凝聚力。主题确认为"改革创新，降本增效，提升经营业绩"，通过常见式演绎的优化后，其结构如图 8-10 所示。

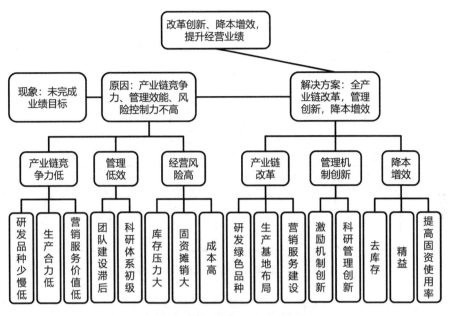

图 8-10　改革创新，降本增效，提升经营业绩

案例 2：远离信息安全风险

某银行的计算机联络员，每月都要为同事们做一场关于信息安全内容的分享，可因为每次都是照着总行出台的相关政策给大家读，所以不但没达成目标，而且大家都不愿意听。我们通过纵向结构完成了主题的设定和框架的搭建。目标是希望大家明确信息不防范的后果很严重；要让全员都重视防范信息安全；掌握防范信息安全的技巧。主题是"逃出虎口——远离信息安全风险"。通过纵向结构搭建的框架如图 8-11 所示。

因为考虑到每次跟大家讲的时候大家都不愿意听，所以用常见式演绎来完善结构，以增加说服力。经过分析，一级目录以风险点分类，二级目录则针对每个风险点用常见式演绎的方式进行说服。新的结构如图 8-12 所示。目标和结论不变，一级目录是最重要的三个风险点，然后下面运用常见式演绎来支撑每个风险点的主题。以不要违规用电为例，其他每个风险点也都是由现象、原因、解决方案三点作为支撑的。

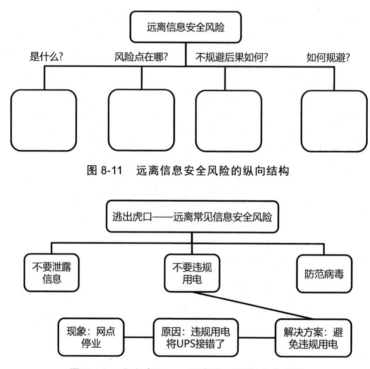

图 8-11　远离信息安全风险的纵向结构

图 8-12　逃出虎口——远离常见信息安全风险

用这种方法搭建完金字塔结构之后，再与大家分享，大家也愿意听了，因为思路清晰且有说服力和吸引力。15 分钟的分享后，全场热烈鼓掌。当然，鼓掌有两种原因，一种是感叹讲得很精彩，另一种则是感叹终于搞懂了。

（三）现象和原因是两个不同的概念

人们在思考和表达解决问题类的方案时，经常犯的一个错误是把现象与原因混为一谈，或者没有分析原因直接仅凭现象就做出判断进入解决方案的设计阶段。例如，患者高烧不退，医生一定要找到病根。找出是什么引起了发烧，如果是因为腿部受伤化脓了，那么把这个伤口治好了，就不发烧了。所以现象和原因是两个不同的概念，我们需要严格区分它们。

我跟大家分享个童话故事。

　　一天动物园管理员发现袋鼠从笼子里跑出来了，于是开会讨论，一致认为是笼子的高度过低。所以他们决定将笼子的高度由原来的 10 米加高到 20 米。结果第二天他们发现袋鼠还是跑到外面来了，所以他们又决定再将高度加到 30 米……小袋鼠就问袋鼠妈妈：明天他们还会加高笼子吗？袋鼠妈妈回答：如果他们还不关门的话，就会继续加高笼子的高度。袋鼠跑出去是因为门没关，但是解决办法却是加高笼子。

虽然这是一个童话故事，但是在工作中、生活中都有类似的例子。还有一个非常有意思的故事，叫讨厌香草口味的庞蒂亚克。

　　有位工程师买了一辆新的庞蒂亚克车，每天下班后会开车到一家冰激凌店买冰激凌吃。他发现，如果他买的是香草口味的冰激凌，车就无法启动，但是如果买其他口味的冰激凌，就不会出现这个问题。后来，通用汽车的工程师真的去做了实验，结果发现如果买香草口味的冰激凌，车子确实不容易打着火。最后分析后发现，香草口味的冰激凌是最受欢迎的，所以被摆在柜台的最外边，是最容易拿到的位置，所以买香草口味冰激凌的用时最短，而此时由于车刚熄火，容易导致蒸汽锁的现象，车子就不容易打着。但是如果买其他口味的冰激凌，用时稍微长一些，就不会出现这个现象。

分享这两个故事就是希望大家能够通过问题去找问题背后的原因。当然，本书的重点是运用结构思考力来提升思考和表达的能力，至于如何找到原因是运用结构思考力解决问题时的一个任务，不在本书讨论范围之内。我之所以强调这个问题，是因为我发现在过往的很多解决问题类的方案中，很多人比较容易将现象和原因混杂在一起。

运用常见式演绎就是要将现象和原因区分开。例如，案例主题是"让×××产品'High'起来，全年×××产品净增 6 000 户"，目标是向上级汇报如何提高×××产品的市场占有率，通过纵向结构搭建的框架如图 8-13 所示。

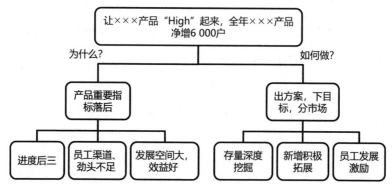

图 8-13　让×××产品"High"起来，全年×××产品净增 6 000 户纵向结构

在学完这部分内容之后，我们发现在"为什么"中有现象和原因混在一起的问题，所以信息接收者在接收汇报时就很难判断所提交的方案是否有效、是否解决了相关问题。经过讨论主框架，在采用常见式演绎之后，将现象和原因分开，优化后的框架如图 8-14 所示。

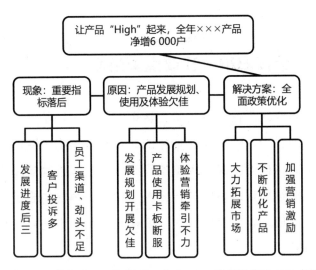

图 8-14　让×××产品"High"起来，全年×××产品净增 6 000 户横向结构

（四）各组思想要完全遵循结构化

这样的场景你会不会觉得很滑稽？你是公司的管理者，你的下属跑过来跟你说："老板，经过分析，我发现目前公司存在管理流程混乱的问题，具体包含 1、2、3、4 点。"你说："分析得非常好，你有什么改进建议吗？"下属说："我有五个改进措施……"结果你发现，这五个措施跟他提的四个问题完全没有关系或者有比较混乱的对应关系，根本不知道哪个措施解决的是哪个问题，或者那些问题是不是都被解决了。这时你敢接受他的这些建议吗？究其原因是，他在思考和表达时没有遵循结构化。在常见式演绎中如果完全遵循结构化，例如提出四个现象，就要分析这四个现象对应的原因，最后给出与这四个原因对应的解决方案，即现象、原因、解决方案要一一对应。图 8-9 和图 8-13 的案例都遵循了这个标准。

当然，这种结构化对应的要求不仅局限于演绎结构中的运用，而且蕴含在生活工作的方方面面。

第二节　选择归纳，让要点更清晰

为什么有些人无论在分析多么复杂的问题时，都可以做到清晰和精准呢？原因在于，他们从结构化的视角看待事物，既能自己总结提炼出相应的结构模型，又以大量的现有模型来分析问题。横向的归纳论证将重点关注如何对事物进行归类，如何将隐性的思维显性化、工具化，以及如何运用现有的结构来审视问题，让你的思考也可以像科学家一样清晰。

归纳是从许多个别的事物中概括出一般性的概念、原则或结论的方法（见图 8-15）。向领导汇报工作时，分别从加大媒体宣传、增加集团终端体验机和增发 35 万元专项款三个方面，得出"加大资源投入"的结论，这就是典型的归纳，如图 8-16 所示。

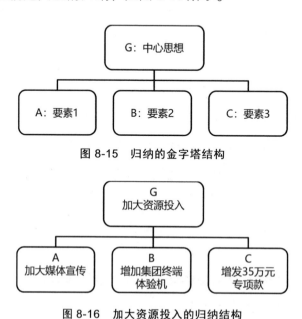

图 8-15　归纳的金字塔结构

图 8-16　加大资源投入的归纳结构

我们在第八章之前分享的大部分金字塔结构都是运用归纳的方式呈现的横向结构，这种方式最大的好处就是要点清晰明了。如何在思考和表达时做出归纳呢？你需要分两步进行：选择一种归纳顺序，运用 MECE 原则确保分清、分尽。这也是接下来要跟大家分享的内容。

◄◄ 第一步　在三种子顺序中选择一种排列方式

这里说的三种子顺序，就是在第三章介绍的时间顺序、结构顺序和重要性顺序。我们稍微回顾一下。归纳论证有三种子结构：按时间顺序论证、按结构顺序论证、按重要性顺序论证，如图 8-17 所示。这是常用的分类方法，当然还可以从其他角度进行分类。

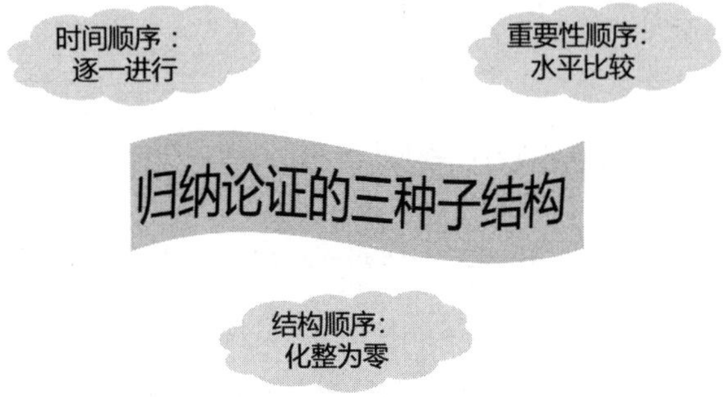

时间顺序：
逐一进行

重要性顺序：
水平比较

归纳论证的三种子结构

结构顺序：
化整为零

图 8-17　归纳论证的三种子结构

（一）时间顺序：逐一进行

按时间顺序进行归纳论证是日常工作中用得比较多的论证方法。例如，执行项目的甘特图、解决问题的步骤、达成目标的阶段、改进绩效的环节等，都是按时间顺序划分的。

（二）结构顺序：化整为零

结构顺序是指将一个整体划分为不同的部分。这个整体既可以是事物，也可以是概念，将其从外到内、从上到下、从整体到局部加以介绍。这种表达顺序有利于说明事物各方面的特征，如企业的组织结构图、领导力模式、企业产品结构等。

（三）重要性顺序：水平比较

重要性顺序是指具有某些共同特点和内容的事物，按照其重要程度进行排序。在表达时，先讲最重要的、关键的。

同样一个事物可以用多种方式进行分类。分类方式没有对错之分，只是我们看问题的角度不同，对事物的定位不同。但对于同一事物的每组分类，要采取同一种顺序结构，三种顺序结构不能交叉混用。

所以，第一步的任务是为自上而下结合自下而上搭建的结构中，符合归纳结构的分支选择某一种顺序。

◄◄ 第二步 运用 MECE 原则确保分清、分尽

在我们为之前搭建的结构中的某一分支选择归纳的某一种顺序后，还需要检查一下，这个分支中的各个要素是否分类清晰。在结构思考力理论体系中，我们将"分类"分为两种形式：开放式分类和封闭式分类，如图 8-18 所示。

图 8-18　分类的两种形式

（一）开放式分类

前面我们说过，分类就是按照一定的标准，将对象划分为不同的

种类。很多时候，同样的对象选取的标准不同，分类的结果也会存在很大差异。对于分类本身而言，每种分类方式没有好坏对错之分，是否合适还得看实际环境的需求，如图 8-19 所示。

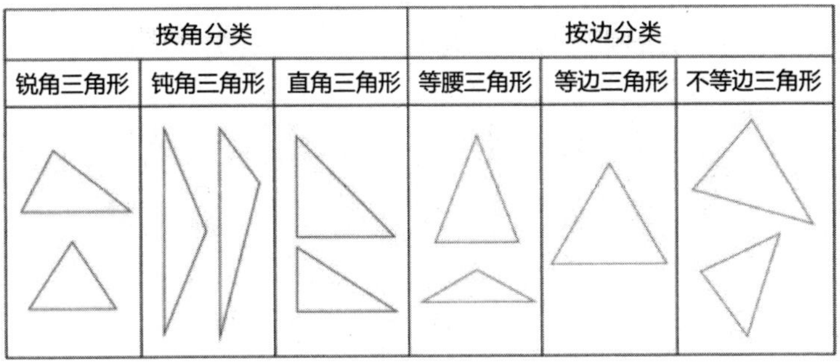

按角分类			按边分类		
锐角三角形	钝角三角形	直角三角形	等腰三角形	等边三角形	不等边三角形

图 8-19　三角形的开放式分类

开放式分类虽然在标准的选择上是"自由"的，但这种自由也是相对而言的，因为无论选取哪一个标准，最后分类的结果一定要遵循我们在前文反复强调的 MECE 原则，要做到"相互独立，完全穷尽"。

"相互独立"要求同一分类中的各个信息之间是相互排斥的，也就是说，信息之间不能出现重叠。"完全穷尽"则是一个相对概念，在金字塔结构的一个信息组中，相对于上一层的"结论"，其对应下一层的那些信息必须是完全穷尽的，也就是说，不能有所遗漏（当然，也不能超越上一层的范畴）。

以三角形的分类为例，如图 8-20 所示。

需要用 MECE 原则对归纳结构的每组思想做逐一排查。在本书第七章，我们已经完成了纵向结构的搭建，并在本章第一节将需要花力气说服对方的部分运用了演绎结构优化，接下来则需要用 MECE 原则对其他的归纳结构做逐一排查，以确保我们的各组思想符合"归类分组"和"逻辑递进"。例如，目标是希望分享后，员工了解风险控制的重要意义，并掌握把控风险的技巧。主题是"险常存、控有道——如何把控小企业投资风险"，通过自上而下疑问回答做分解搭建完的结构如图 8-21 所示。

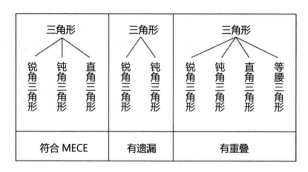

图 8-20　三角形分类

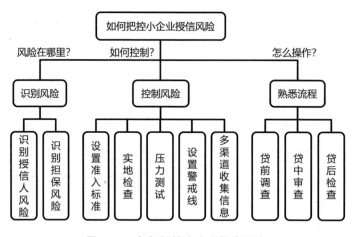

图 8-21　如何把控小企业投资风险

当使用 MECE 原则检查时会发现，如何控制和如何操作两部分内容之间有重复，因此需要对结构进行重新调整和确认。这里需要重点修改的地方就是如何把操作部分和控制风险部分的内容合并并分清。经考虑本次的分享是希望对方能够掌握具体的步骤和技巧，于是保留了按照时间顺序贷前、贷中、贷后三个步骤的分类，而且在每个步骤中针对投资人风险和担保风险分开，将控制风险中相应的工作内容与这三个步骤的不同类型风险——对应。修改后的结构如图 8-22 所示。

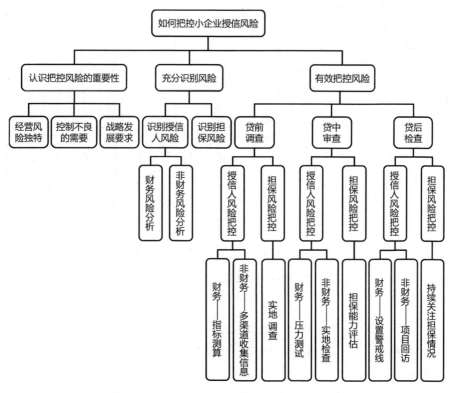

图 8-22　如何把控小企业投资风险（优化后）

本案例最大的变化是将此前不符合 MECE 原则的地方，重新进行了分类。如果在把控风险中想要强调针对不同的风险类型采取不同的措施，也可以按照风险类型分类，如图 8-23 所示。

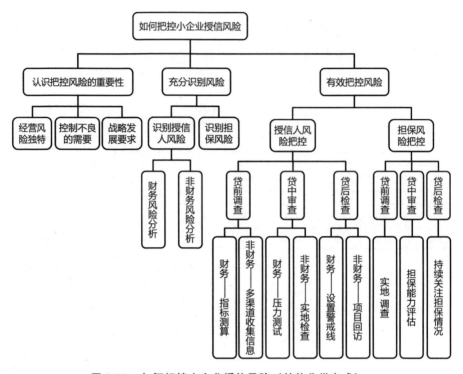

图 8-23　如何把控小企业授信风险（其他分类方式）

（二）封闭式分类

选择人们约定俗成的、通用的以及成熟而稳定的模型（或框架），对信息进行分类，使信息能与模型的要素一一对应。

结构思考力解决的问题就是当我们面临一堆任务或复杂问题的时候可以从结构的视角进行分析和表达。我们在前几章用了相当多的篇幅讨论了如何搭建框架、如何进行分类，以创建各种各样的"结构"，然而除了自我创造，我们身边还有很多现有的"结构"可以为我们所用。我们所学的各个学科里有各种模型，包含方法、步骤、工具等。这些都是经过前人提炼、抽象出来的帮助我们审视世界的"结构"，我们可以在思考问题时直接调用。如果从这个角度来定义"结构"，那它其实是无穷无尽、无处不在的。

　　大家会发现越是词汇丰富的人，越擅长通过简单易懂的方式向对方传达自己的感受，同样结构思考力越强的人，越能够在短时间内做出恰当的判断。这是因为，事物的结构为我们的思考提供了捷径。例如，在考虑市场战略时，能否立刻联想到 3C（Company—公司，Customer—顾客，Competitor—竞争对手）的结构？在市场决策方面，是否了解 4P（Price—价格，Product—产品，Place—渠道，Promotion—促销）？这在推理、判断的精度上产生的差异是很大的。如果没有考虑 3C，很多情况下只会重视本公司，导致产品总是以自己的想法为基础，同时如果没有考虑 4P，可能一味地侧重于价格和产品，很可能做出低价格一定有好销路的判断。

　　再如，我们经常用到 2×2 矩阵分类法，它就可以被当作一种典型的分类模型。2×2 矩阵是创建 MECE 特别有效的工具，而且运用 2×2 矩阵创建 MECE 的例子举不胜举。例如，我们熟悉的时间管理矩阵和意愿能力矩阵等，通过时间管理矩阵可以把所有事情进行归类，然后针对不同的事情采取不同的策略，以进行有效的自我管理（见图 8-24）；通过能力意愿矩阵可以快速判断下属在不同任务中的状态，然后因人而异地采取适合的管理手段（见图 8-25）。这些矩阵都不会给我们答案，但可以通过归纳分类的方式，给我们的决策提供方向，这也是"结构思考力"的魅力。

　　在运用 2×2 矩阵将事物分类后，我们会更准确地抓住事物的本质，而不是眉毛胡子一把抓。这里，我们的重点任务是希望你可以根据自己的实际问题来创建属于自己的 MECE 结构，以利于你的思考和表达。除了引用现成的矩阵，是否可以以及如何构建一个属于自己的 2×2 矩阵呢？按照 20/80 法则，任何事情和问题一定可以找出两个或以上最核心的要素，每个要素又可以找出对应的两难困境。经过亚历克斯·络伊和菲尔·胡德的深入研究（在《困境中的决策力》一书中），这种两难困境被归纳为八种类型，分别是理智与情感、内与外、成本与效益、产品与市场、变化与稳定、了解与不了解、竞争的优先次序、内容与流程。把两个要素的两难困境相互结合，就可以画出一个分析问题的2×2矩阵，产生一个让我们全面审视问题的四象限，而且它们完全符合MECE原则，让你的思考更加清晰和全面，为未来的决策提供明确的方向。

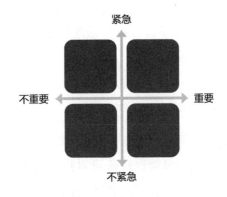

图 8-24　时间管理矩阵

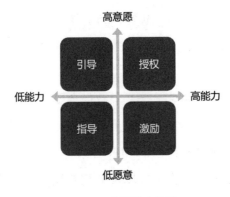

图 8-25　意愿能力矩阵

很多企业大学的培训负责人找我探讨第二年重点应该做什么项目。如果对这个问题漫无目的地讨论，可能很难得出答案。于是，我们就尝试着把他们所考虑的两个重要因素（业务变化、市场变化）找出来，画出如图 8-26 所示的矩阵。如果是新业务、新市场，那作为企业大学就可以做一些变革落地的项目。如果是新业务、老市场，那重点是提升员工的能力，可以做一些传统的人才发展项目……以此类推，通过这个矩阵，我可以很轻松地回答他们的问题。

图 8-26　年度人才培养规划方向分析矩阵

在有了这个 2×2 矩阵以后，我们可以很轻松地把每天做的事情划分到相应的象限，针对不同象限采取不同的应对措施，以便更加清晰地审视自己的工作与生活。

企业众多类型的课程到底采用什么方式开发比较好呢？同理，可以快速找出两个重要因素，画出如图 8-27 所示的矩阵进行分析。

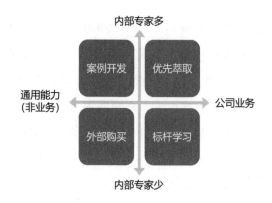

图 8-27　年度课程开发计划分析矩阵

针对不同类型的大客户应该采取什么样的策略呢？（见图 8-28）

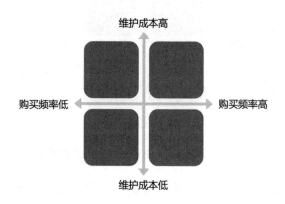

图 8-28　客户分类矩阵

当面临新事物的时候，我们难免由于过多干扰因素导致我们想不清楚、想不全面，从而陷入摇摆不定、无法决策的旋涡之中。在你所开展的业务中有哪些问题是可以用矩阵的方式让你更清晰地思考和决策呢？例如，产品开发、渠道开发、人才选拔、培训计划制订等一系列问题，当然也可以在生活中去尝试。

这些"结构"本身不会给你任何答案，它们的作用是把你的注意力引领到更广阔的视角，以把事物审视清楚。

大家可以把自己想象成一名工匠，带着一个工具箱，这些思考结构就是工具箱里各式各样的工具，如锤子、榔头、钉子、绷带等。工匠会根据所要完成的工作的差别选用不同的工具，所以能熟练掌握的工具越多，工匠的水平就越高。而很多工作至少需要两种工具的配合才能很好地完成。如果只有锤子没有钉子，那么肯定做不了椅子。思考和表达的过程也与此类似。

在这个信息大爆炸的时代，"思考结构"给我们提供了清晰而又全面审视世界的框架，让我们可以迅速掌握问题的核心并有效做出决策，同时也让我们的思考和表达变得更加清晰有力。如前文所说的"思考结构"有两种来源，一种是通过自己的经验构化的结构，另一种是运用各领域中现成的结构。本书的定位是让大家如何构化结构，所以只引用了几个现成的"思考结构"。目前，在我发起的结构思考力学习社群中，每天都会分享一个思考结构；在结构思考力后续的著作中，我也会以"思考结构"为主体为大家提供更多的思考框架。

第三节　因需而动，两种顺序选其一

◄◄ 一、演绎适用于需要说服对方时

当你需要说服对方的时候或觉得对方可能有抵触心理的时候，用演绎的方式会更好一些。而演绎论证作为横向结构中一种主要方式也有其利弊和适用情况。

第一个"利"是证明结论的必要性。例如，大前提以无可争议的

说法来陈述情况，小前提是对情况的评论意见，结论是情况所代表的含义及评论，通过这种方式表达可以得出一个必然的结果。第二个"利"是对有拒绝心理的听众极为有效。例如，对方不认同你的观点，如果你用演绎的方式证明，就会很有说服力。

第一个"弊"是如果听众对前提有异议，整个论证就会失去效果，例如，你跟女士说："你适合嫁一个这样的人。"女士说："我凭什么要嫁给那样的人。"你继续说："我就是这样的人……"结果可想而知。所以，如果对方不接受大前提，风险就会特别大，后面的所有论证就全白做了。第二个"弊"是听众在听到结论之前要记忆大量的信息。例如，你要写一个特别长的报告，前10页是大前提、小前提，从第11页开始才得出结论。从接收信息者的角度，对方在听到结论之前要记忆太多的信息，负担太重。这与结构思考力中结论先行的标准相背离了。

◄◄ 二、归纳适用于对方关注解决方案时

当对方关注解决方案时，更适合运用归纳的方式。横向的归纳论证有哪些利呢？首先，便于记住要点，方案就包含1、2、3三个方面，要点很清晰。其次，一个要点被否定，其余要点仍具有说服力。例如，你跟女士说："我有车、有钱、有房，你嫁给我吧。"女士说："我不喜欢有钱人。"当然，估计没有人会这么说。不过，有车、有房还是能帮你说服她的。最后，对于注重具体措施的听众极为有效。例如，上级只关心这个方案是什么，你通过1、2、3、4、5几步就完成了。

结构思考力体操

第四步：横向结构选顺序

将上一章练习中已经明确搭建好的金字塔框架，运用本章学习的内容按照标准和方法进行优化。本章学习了两种横向结构，需要在上一章基本框架的基础上，确认每组的思想是选择演绎还是归纳的结构。如果是演绎结构，则要确认是用标准式还是常见式；如果是归纳结构，则在确保一组的分类标准（按照时间、结构、重要性）的同时，还要确认这一组的思想是否符合 MECE 原则，以确保金字塔结构变得更加稳固、清晰且有说服力，并画出新金字塔结构。

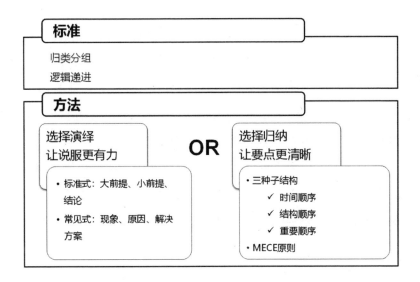

第九章

形象表达做演示

这是本书的最后一章。通过前面几章，相信你已经掌握了如何应用结构思考力的四个核心原则，可以把很多杂乱无章的概念、思路、想法和经验整理得非常清晰，不仅能使自己想明白，还能将思考的内容以简单、容易记忆的方式传达给别人。这就是我们运用结构思考力的最终目的：思考清晰、表达有力。本章则在做好论证类比、搭建结构的基础上，探讨如何应用结构罗盘，将现有的金字塔结构运用简洁和形象的方式呈现给对方。需要说明的是，尽管本章分享的是演示，但内容还是侧重于表达阶段的构思。关于演讲技巧、PPT 制作与呈现技巧并不是本章的讨论重点。

在第四章，我们已经对结构罗盘的构成和使用方法做了简单介绍，并已经了解到：形象表达是在拥有一个完整结构图的基础上，运用结构罗盘中的"配""得""上"，对大主题进行形象化演示和卖点包装的设计，并通过对关键表达要点进行包装，让对方更容易记忆，如图 9-1

所示。

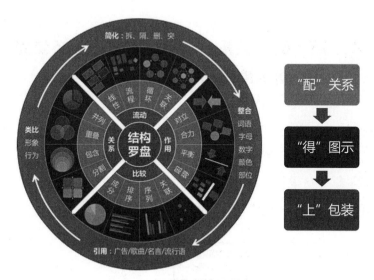

图 9-1　运用结构罗盘做演示

其中，"配"关系和"得"图示两个步骤的互相依赖程度是比较高的。我们既能在配好关系的基础上，直接利用结构罗盘找到它的对应图示，也可以反过来操作。当无法判断某个分支各要素的关系时，我们可以先试着把它们放到某个图示中，去感受这个图示是否能够把隐含的关系直观地表现出来，从而帮助我们做"配"关系这一步骤。这两个步骤往往是我们做 PPT 文件时常用的，而纯文字内容不太需要这两个步骤，只需对结构图进行内容的填充，即可得到一个纯文本文件。

"上"包装则和"配"关系、"得"图示不太一样，它的使用更加独立。首先，做 PPT 时，即使"配"关系和"得"图示做得不好，我们也可以单独对每张 PPT 的大、小标题进行包装，而且可以包装得很好。即使是纯文本文件，没有图表，依旧可以使用"上"包装去处理。

在接下来的应用案例中，我会把"配"关系和"得"图示放在同一节中给大家介绍。

第一节 用"配"关系对各大分支进行关系梳理，结合图示库得到对应的图示

在开始本节之前，建议大家先关注"结构思考力研究中心"微信公众号，回复"图示库"获取我们为大家准备的常用图示库，留存备用。

我们先来看一个案例（见图9-2）。

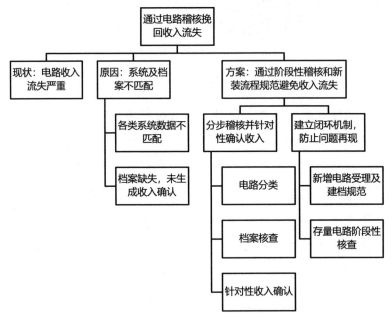

图 9-2 通过电路稽核挽回收入流失的结构

图9-2是我在以往授课过程中，学员绘制的一个完整的结构图。算上没有展开的"现状"，共有四个大分支——结论统领的三方面、现状

分支、原因分支和方案分支，然后又有两个小的分支。课堂上，这组学员对四个大分支进行了"配"关系和"得"图示，如图 9-3 所示。

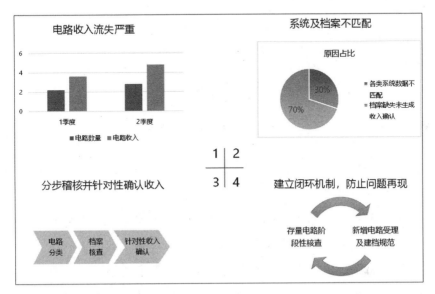

图 9-3　对"通过电路稽核挽回收入流失"的"配"关系和"得"图示

接下来，希望大家带着这样的问题继续读下去：你能否判断这张图片中的四个图各代表什么关系吗？你还能找到哪些不同的图片来表示这些关系吗？

◄◄ 一、整理流程的流动模式，选择流动模式的关系

流程管理是所有企业为了提高工作效率必不可少的一个环节，在生活中的应用也无处不在。例如，在做饭、搬家、装修房子、打扫卫生等时，运用流动模式的图示进行呈现，不但信息清晰明了，而且对于问题原因的分析也很有帮助。可以将流动模式的图示理解为，为了达成某个目标，由设计好的步骤和方法用含有文字的几何形外框，加

上代表事物发展方向的箭头所组成的图示。

我们将流动模式的关系归纳为四种（见图 9-4）。

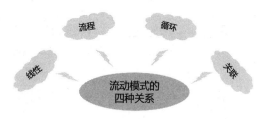

图 9-4　流动模式的四种关系

第一类是线性关系，是最简单的线性流程关系，往往用单线式的流程图就可以解决。

第二类是流程关系，子流程之间有先后或包含关系的较复杂的流程图，也是我们日常见到的最多的流程图。

第三类是循环关系，某件事的发生往往有它的原因，而原因的背后可能还有其他原因，通过这种由原因和结果的一连串的连锁反应组成的循环图，可以清楚地表达它们之间的关系。

第四类是关联关系，将想法以因果关系和相关性作为标准，用箭头表明关系，有助于引发新的思考，更容易让表达的内容一目了然。

（一）前后顺序的线性关系

流动模式的线性关系在日常工作中是最常见的，如图 9-5 所示。图 9-6 是在表达问题时常用的一个线性关系。

（二）整理流程的流程关系

除了应用于工作领域，生活中流程关系的应用也无处不在，如图 9-7 所示。例如，要准备一顿晚餐，通过重构的方式可以得出一个树状

关系。但树状关系不能呈现流程具体环节的先后顺序和关系，如图 9-8
所示。

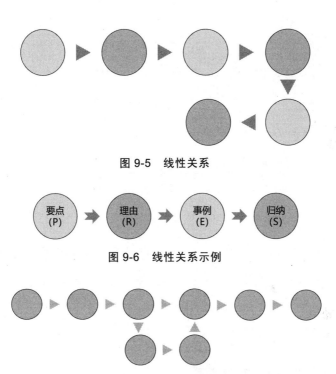

图 9-5　线性关系

图 9-6　线性关系示例

图 9-7　流程关系

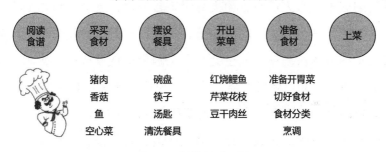

图 9-8　树状关系示例

流程关系最大的好处是，拥有明确的起点、终点以及先后顺序，将刚才的树状关系用流程关系的方式进行呈现，如图 9-9 所示。

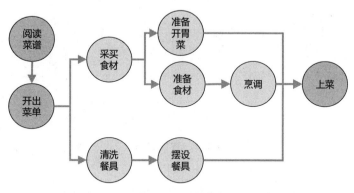

图 9-9　流程关系示例

有了这张流程关系图后，就可以轻松地掌控整个过程了。另外，绘制流程关系图时需要注意：一般按照"由左到右、由上到下"的顺序绘制。如果随意绘制，就会造成信息接收者思维的混乱，不利于信息的传递和共识的达成。

（三）复杂因果的循环关系

某互联网公司的产品负责人和项目经理开会讨论，如何削减研发和运营的成本。有人认为，如果继续削减成本，就会严重影响客户对产品的体验，进而影响产品的销量，同时广告商也会减少投入，导致削减更多的成本。削减成本也会对员工的积极性造成很大影响。如果员工的积极性下降，就可能离开公司，公司的情况将更糟糕。

这样的讨论完全进入了一个死循环（见图 9-10），而且这种状况在工作中会经常发生。如果这样无穷无尽地讨论下去，只会变成怨天尤人的吐槽，并不能解决实际问题。

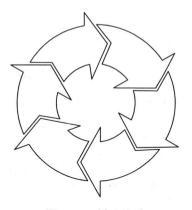

图 9-10　循环关系

如果以结构化的方式对上述内容进行重构，就会得到一张树状关系图，如图 9-11 所示。

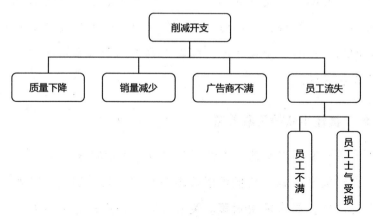

图 9-11　树状关系示例

这样的金字塔结构，虽然可以把各个要素分清楚，但在呈现环节不能更好地体现各要素之间的关系和影响，这时候循环关系就派上用场了，如图 9-12 所示。

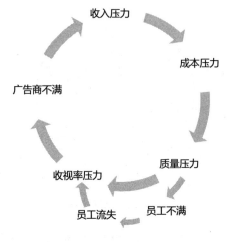

图 9-12　循环关系示例

　　这种图被称为系统循环图，是在结构思考的基础上厘清个人思路的有效方法。它能够让我们深入探究各种复杂的因果关系链的来龙去脉，同时作为一种形象化手段，能够更好地向别人展示我们对复杂问题的思考和理解。

（四）抓住本质的关联关系

　　关联关系能够把问题与产生问题的各种因素串联起来，如图 9-13 所示。通过关联关系，我们可以找出与问题有关系的一切因素，从而抓住重点问题，寻求解决对策。关联关系图是用来分析事物之间"原因与结果""目的与手段"等复杂关系的一种图形，它能够帮助人们从事物之间的逻辑关系中寻找解决问题的办法。

　　事物之间存在着大量因果关系。在这种情况下，要想厘清各因素之间的因果关系，就要进行全盘考虑，找出解决问题的办法。关联图由圆圈（或方框）和箭头组成，其中，圆圈中的文字说明部分经由箭头由原因指向结果，由手段指向目的。文字说明力求简短、内容确切且易于理解，重点项目及要解决的问题要用双线圆圈或双线方框表示。
关联关系示例如图 9-14 所示。

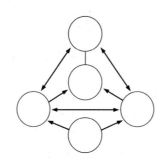

图 9-13　关联关系

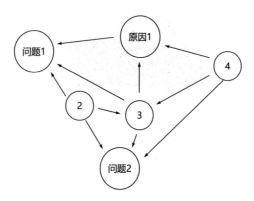

图 9-14　关联关系示例

关联关系适用于多因素交织在一起的复杂问题的分析和整理。它
将众多的影响因素以一种较简单的图形来表示，易于抓住主要矛盾、
找到核心问题，也有益于集思广益，迅速解决问题。

▸▸ 二、动态变化的作用模式，选择作用模式的关系

我们将作用模式的关系归纳为四种（见图 9-15 ）。

图 9-15　作用模式的四种关系

（一）展示冲突的对立关系

对立关系是指两个或两个以上相互对立的，同时存在而又处于矛盾中的要素的冲突和对抗过程，如图 9-16 所示。

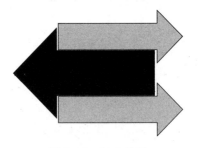

图 9-16　对立关系

这种对立关系的呈现，在日常生活和工作中也经常出现。例如，我们正在面临的重要抉择，如是否该跳槽换新的工作、是否该搬到一个新的城市发展等。如果长期处于两难情境中，会给我们造成很大压力。该怎么解决呢？这种对抗在心理学中也被称为冲突，德国心理学家库尔特·勒温认为冲突有双趋冲突、趋避冲突和双避冲突三种。

双趋冲突是指面临两种同样强烈的愿望而只能选择其一时的动机冲突。例如，你同时收到两项具有同等吸引力的工作邀请，对其中一项的选择就意味着对另一项的拒绝，于是你处于一种犹豫不决的冲突状态。人们常说的"鱼和熊掌不可兼得"，反映的就是双趋冲突。

趋避冲突是指对含有吸引与排斥两种力量的同一目标进行选择时

所产生的心理冲突。例如，吸毒上瘾的人可能受到强烈吸引而趋向接受某种治疗，但又害怕经历戒除过程后回到一种寂寞无聊的生活，因而会产生心理冲突。

双避冲突是指一个人要在两个有害无益的目标之间进行选择时所产生的心理冲突。这一处境可用一个敌伪士兵的情况来说明。该士兵深感战斗之疲劳、危险及战争的非正义性，总想从战场脱逃，但又怕被抓回来处以极刑，这种矛盾心理就是双避冲突。

当遇到类似的情况时，我们就可以用对立关系来厘清自己的思路。

在工作的呈现中，我们经常需要展示一件事情的正反两面。例如，你提议开发一个新产品，在分析时可以从推进力和抑制力两个方面进行考虑，如图 9-17 所示。

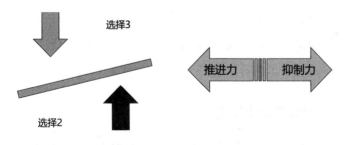

图 9-17　对立关系示例

形象表达本身并不会给我们答案，只能让我们把问题看得更清晰、全面，更容易传递给他人。

（二）同心协力的合力关系

合力关系体现的是朝着同一个目标或结果而努力的各要素之间的关系，如图 9-18 所示。

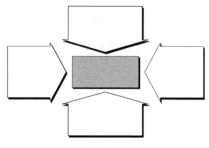

图 9-18　合力关系

合力关系中比较典型的例子是波特五力模型，该模型是迈克尔·波特于 20 世纪 80 年代初提出的。他认为行业中存在着决定竞争规模和程度的五种力量，这五种力量综合起来影响着产业的吸引力。五种力量分别为进入壁垒、替代品威胁、买方议价能力、卖方议价能力和现存竞争者之间的竞争。波特五力模型用于竞争战略的分析，可以有效地分析客户的竞争环境。

在重构的金字塔结构中，如果各要素之间匹配的是合力关系，就可以选择运用类似的图示进行演示。

（三）观点比较的平衡关系

在呈现工作的过程中我们经常需要对两个观点进行比较，如图 9-19 所示。

图 9-19　平衡关系

例如，在针对某个议题进行讨论时，需要对赞成意见和反对意见进行归纳整理，使决策更容易实施，也可以运用对立关系来厘清和呈现大家的思路。

在分析一个技术的优劣势时，我们也可以选择平衡关系进行演示，如图 9-20 所示。

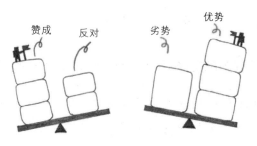

图 9-20　平衡关系案例

（四）冲破封锁的阻碍关系

阻碍关系更多的是一种示意图（见图 9-21）。例如，某项工作内容需要经过重重障碍才能达成预期结果，如图 9-22 所示。

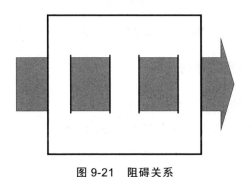

图 9-21　阻碍关系

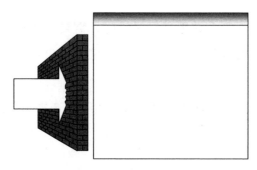

图 9-22 阻碍关系示例

⏮ 三、要点清晰的关系模式，选择关系模式的关系

关系模式用来描述复杂问题各要素之间的关系（见图 9-23 ）。其中，并列、重叠和包含关系是逐步递进的。互相不交叉代表并列关系，互相交叉代表重叠关系，大的要素含有小的要素是包含关系。

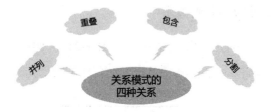

图 9-23 关系模式的四种关系

（一）要点清晰的并列关系

并列关系是所有关系中最简单、最直接的与金字塔结构对应的关系（见图 9-24 ）。当各要素之间符合 MECE 原则之后，多数要素可以用并列关系来表示。例如，我们经常提及的产品、价格、促销、渠道四个方面，就是一种并列关系。再如，在考虑业务内容时，可以从目标、概念和定位三个方面出发，体现的也是一种并列关系，如图 9-25 所示。

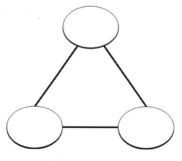

图 9-24 并列关系

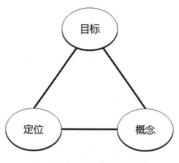

图 9-25 并列关系示例

由于在重构环节中，我们对金字塔结构每个分支中的要素进行了清晰的分类，因此在用并列关系的图示进行呈现时，可以让观点和要素变得更加清晰明了、容易记忆。

（二）激发创意的重叠关系

重叠关系如图 9-26 所示。在讨论"提高新产品市场份额的重要手段"时，如果运用金字塔结构将事情分为想做、能做和必须做三类，你就会发现有些事情未必完全独立属于哪个类别。例如，有的事情既想做又能做，而有的事情既必须做又是想做和能做的。类似这种情况，要想把要素和内容单纯地分清楚，其实很难。我们可以换一种分类方式，让要素之间变得独立且穷尽。如果必须把事情分为三类，也可以通过重叠关系图把它们分清，把不同类别的事情放到一个圆里，重叠的事情放到重叠的部分代表互相之间的关系，如图 9-27 所示，实际上增加了不同的分类。

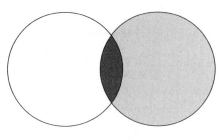

图 9-26　重叠关系

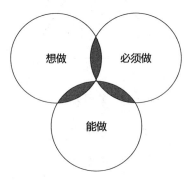

图 9-27　重叠关系示例

重叠关系不仅可以用于整理思路，还可以激发新的思路。例如，在刚才的例子中开始只是简单地把事情分为三类，但绘制完关系图后发现了很多意想不到的重叠部分，这就有可能产生意想不到的创意。

（三）厘清从属的包含关系

包含关系不仅体现了金字塔结构中的横向结构，还把其中一部分纵向结构用形象化的方式呈现出来（见图 9-28）。包含也是数学里的概念，是集合与集合之间的关系，也叫子集关系。例如，原核生物包含细菌，细菌又包含乳酸菌、消化细菌等，如图 9-29 所示。

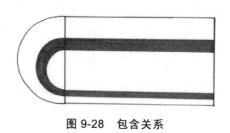

图 9-28　包含关系

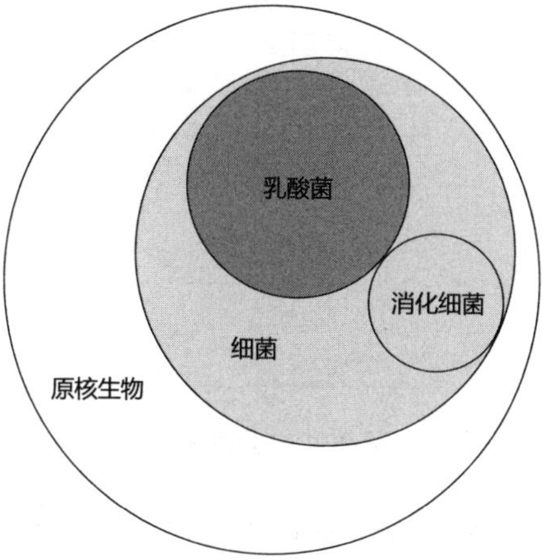

乳酸菌

消化细菌

细菌

原核生物

图 9-29　包含关系示例

如果重构之后的部分分支属于从属关系，就可以运用包含关系图，这有助于将整体内容呈现得更加直观。

（四）拓宽思路的分割关系

一分为二是中国古代哲学史上对立统一关系的命题，一是指统一物，二是指统一物的可分性。分割本身就是一种分类。在结构思考力中最重要的工具树状图就是一种分割关系下的图示（见图 9-30）。二维矩阵、表格等也都可以被归纳到分割关系中。大家熟悉的时间管理矩阵，用紧急性和重要性两个维度交叉形成二维矩阵，可以把每天纷繁复杂的事情分到相应的类别中。这种现成的矩阵有很多。我们在呈现环节中也可以找出呈现问题的两个重要维度，然后形成自己看待问题的二维矩阵。通过这种分割的方式，我们不但可以把想要表达的观点呈现得更清楚，还会看到之前没有留意到的看问题的视角。

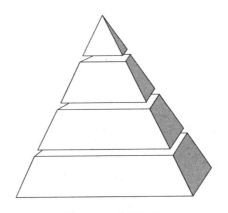

图 9-30 分割关系

例如，在投标决策过程中把现有的需求按照利润的高低、实施的复杂度呈现出一个二维矩阵，就可以针对不同需求做出不同的决策（见图 9-31）。

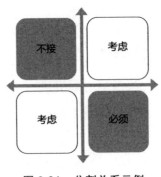

图 9-31 分割关系示例

◄◄ 四、数据说话的比较模式，选择比较模式的关系

数据图是形象表达中最重要的一种方式，运用数据图可以让读者更容易理解我们所表达的主题和观点。在比较模式中，我们将重点介绍数据图的选择和呈现。

数据图是一种视觉符号。我们常用的数据图主要是各种各样的统计图，这些图基本是与语言文字配合使用的。

在运用数据图时需要注意，首先要弄清楚数据之间的关系，然后根据关系使用不同的图示，如图 9-32 所示。

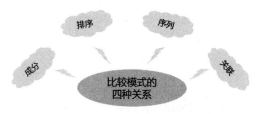

图 9-32　比较模式的四种关系

（一）构成比例的成分关系

成分关系也叫构成关系，成分是整体的一部分，一般用饼图表示。例如，在工作中遇到需要计算总费用中各个部分的比例时，一般都通过各个部分的费用与总费用相除来得到，但这种表示方法很抽象，需要通过饼图直观地表示。饼图是以圆形代表研究对象的整体，用以圆心为共同顶点的各个不同扇形代表各组成部分在整体中所占的比例，如图 9-33 所示。要注明各扇形所代表的项目的名称（可用图例表示）及其所占的百分比。

图 9-33　成分关系

例如，针对全年的销售额进行统计，演示各个季度在全年中的贡献，如图 9-34 所示。

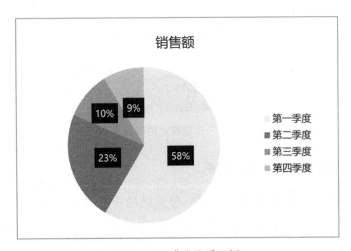

图 9-34　成分关系示例

（二）数值大小的排序关系

数值大小的排序关系，顾名思义，就是根据需要比较的项目的数值大小进行排列，既可以按数值从小到大排列，也可以按数值从大到小排列。在表示排序关系时，我们一般会使用条形图，如图 9-35 所示。

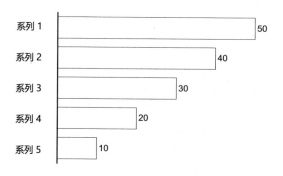

图 9-35 排序关系

例如，用条形图对某公司各事业部的年度业绩进行排序，我们就可以很容易地看到业绩好的事业部和业绩差的事业部都有哪些，如图9-36 所示。

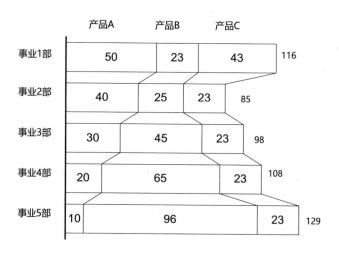

图 9-36 排序关系示例

（三）频率分布的序列关系

序列关系包含两种，一种是按照一定的时间顺序发展的趋势和走势；另一种是表示各项目的频率分布。序列关系一般运用柱状图和折线图等进行呈现，如图 9-37 所示。

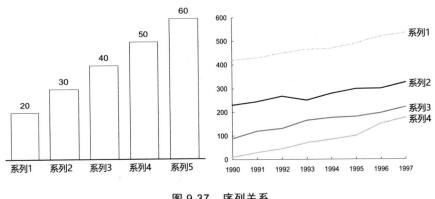

图 9-37　序列关系

例如，要演示当年上半年某个事业部的业绩发展情况，就要选择时间顺序做一个柱状图或折线图来表示发展的趋势，如图 9-38 所示。

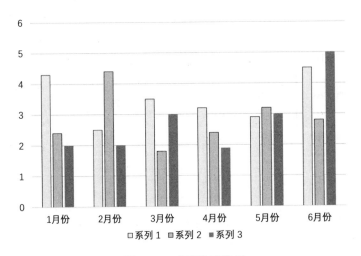

图 9-38　序列关系案例

（四）解释相关的关联关系

例如，随着某款车型价格的下降，判断购买该款车型的用户是否减少等。这种关联关系可以衡量两大类项目的关系，即观察其中一类项目是否会随着另一类项目的变化而有规律地变化。这种关系，一般选用散点图的方式进行呈现，如图 9-39 所示。

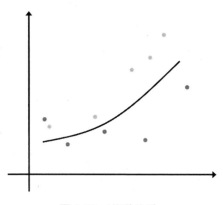

图 9-39　关联关系

　　散点图描述两种现象的相关关系，即在坐标系中标出各个分析数据的相关位置点，直观地显示出一组数据的分布情况。散点图通常用于显示和比较数据，如科学数据、统计数据和工程数据。当在不考虑时间的情况下比较大量数据时，多使用散点图。散点图包含的数据越多，比较的效果就越好，如图 9-40 所示。

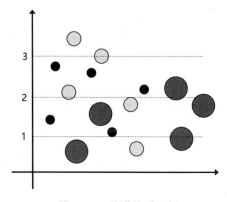

图 9-40　关联关系示例

通过上面的介绍，我们可以体会到数据图具有直观、形象具体、简明生动、通俗易懂、一目了然等特点，可以使复杂的统计数据简单化、通俗化、形象化，便于人们理解和比较。

统计图在统计资料的整理与分析中占有重要地位，并得到了广泛应用。其主要用途有：表示现象间的对比关系；呈现总体结构；检查计划的执行情况；揭示现象间的依存关系，反映总体单位的分配情况；说明现象在空间上的分布情况；等等。

对本节开篇"通过电路稽核挽回收入流失"案例留下的问题，你是否有答案了？它们依次是：比较模式的序列关系；比较模式的成分关系；流动模式的线性关系；流动模式的循环关系。

第二节　对金字塔结构图中的每个要点、节点进行形象化包装

"配"关系和"得"图示两部分的内容讲完了，就像前面所说的，它们衔接得比较彻底，把一个弄清楚后，另一个直接对应选择即可。而"上"包装则是另一个层次的工作。

和上一节一样，在展开四种"上"包装方法之前，我先给大家看一个案例（见图9-41）。

这个案例和上一节的案例一样，也是我们在线下授课的过程中，其中一个小组的学员提供的结构图。学员根据这张结构图进行了"配"关系、"得"图示和"上"包装，并绘制了这样的PPT（见图9-42）。

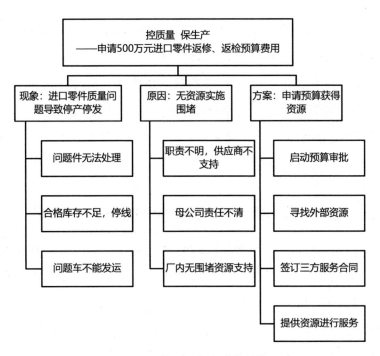

图 9-41　控制量保生产的结构

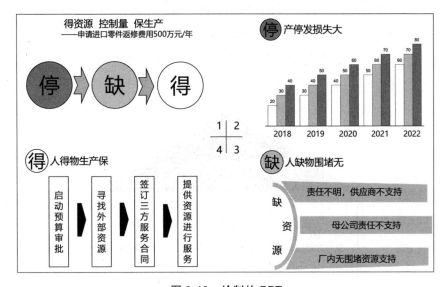

图 9-42　绘制的 PPT

在这里不对这个案例的"配"关系进行展开了,主要分享如何对它"上"包装。这个案例使用"停""缺""得"三个字概括了"进口零件质量问题导致停产停发""无资源实施围堵""申请预算获得资源"三个方面。我的问题是,请你阅读完本节后,判断这是哪种包装手法。

下面我们就针对"上"包装的四种方法——简化、类比、整合和引用进行详细的展开和举例。

◀◀ 一、简化:运用拆、隔、删、突的方式进行包装

简化是运用拆、隔、删、突的方式对主题进行包装,最根本的作用是利用最少的字、词代表最多的语义,往往一个字或一个词就可以代表一句话或一段话。我们通过一个案例来展开。

这个案例的包装方法非常简单。它一共有三句话,每句话四到六个字不等,要求每句话都用一个字来代表。在课上,很多学员都会在这里开动脑筋,去寻找更多的字来替换"优""节""增"三个字。有的学员说,可以使用"强""降""开",有的学员说可以使用"提""低""源"。原则上,这些字都可以,不过我们尽量选择最能代表这三句话的字,如图 9-43 所示。

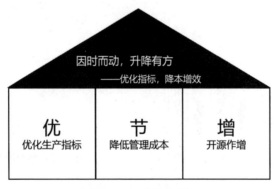

图 9-43　简化案例

◂◂ 二、类比：运用形象或行为类比的方式进行包装

类比是运用形象或行为类比的方式对主题进行包装。我们通过两个案例来展开。

案例1：远离信息安全风险

主题是"IT部门向员工分享工作中要注意远离信息安全风险"。通过类比后，将"不要泄露信息"包装为追杀斯诺登，因为当时正值棱镜门事件，而且也是因为泄露信息，行为上有关联；将"不要违规用电"包装为回到石器时代，这个也很好理解，是指没电之后的状态；"要防范病毒"包装为遭遇黑客，如图9-44所示。

图9-44　远离信息安全风险

案例2：因地制宜　进退有道

这个案例非常巧妙地把要点类比为打仗一样的攻、守、退。主题是"向高层汇报房地产行业在不同地区实施不同的策略"，第一部分积极介入繁荣区，第二部分适度投放稳定区，第三部分逐步退出退化区。

包装后如图 9-45 所示。

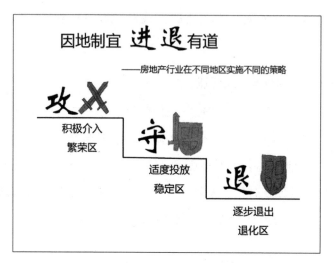

图 9-45 因地制宜 进退有道（包装后）

◀◀ 三、整合：通过对词语、字母或数字的整合进行包装

案例 1：抢钱快人一步——渠道 4G 终端营销

这是一个典型的运用数字进行包装的案例，步骤简单、清晰、明了。背景是某移动公司为渠道商宣讲，主题是"抢钱快人一步——渠道 4G 终端营销"，第一部分回答是什么——4G 终端是 3G 的升级和换代；第二部分回答为什么——钱多、量大、趋势；第三部分回答怎么做——营销的四个步骤。包装后如图 9-46 所示。

案例 2：把钱留住——跨行资金归集是存款营销的重要手段

这是一个利用字母进行包装的案例。背景是一家银行推出了资金归集产品，产品经理向客户经理宣讲，主题是"把钱留住——跨行资金归集是存款营销的重要手段"。第一部分回答是什么——资金归集产品

介绍；第二部分回答为什么——增加存款来源，提高客户黏度；第三部
分回答如何做——挖掘、创造客户需求。包装后如图 9-47 所示。

图 9-46　抢钱快人一步——渠道 4G 终端营销

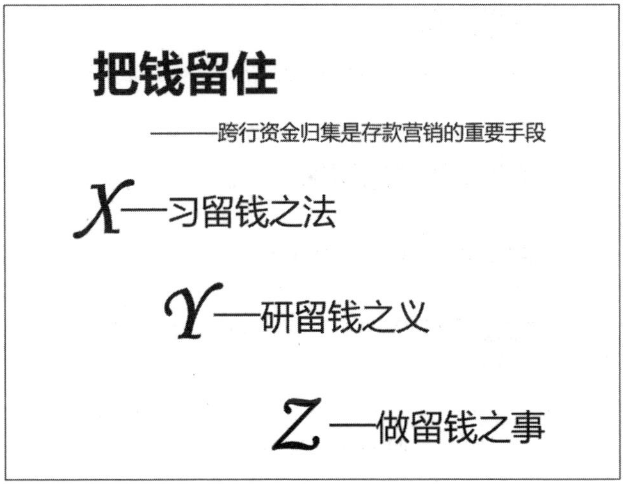

把钱留住
——跨行资金归集是存款营销的重要手段

X—习留钱之法

Y—研留钱之义

Z—做留钱之事

图 9-47　把钱留住——跨行资金归集是存款营销的重要手段

这个案例中的 XYZ 模型除了适用于案例中的产品，对于其他产品也可以从三个方面来开展，这也是隐性思维显性化和可传承的一个体现。

⏮ 四、引用：引用广告、歌曲或名言的方式进行包装

案例 1：发福利啦

这个案例用歌曲名进行包装，形象地表述了想要传达的观点。主题是"发福利啦！——员工专属产品×××实惠多多"，目的是向公司全员宣讲一款内部保险产品。第一部分是为什么买保险，第二部分是为什么买专属产品，第三部分介绍这个产品的收益。包装后如图 9-48 所示。

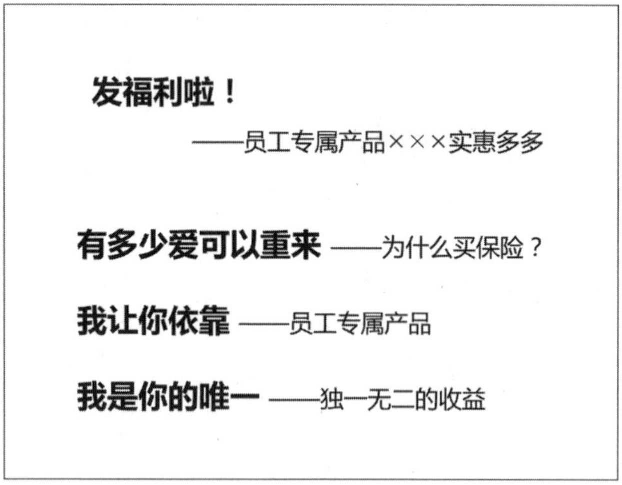

图 9-48 发福利啦

案例 2：出海计划——×××种子公司业务走进"巴基斯坦"

这个案例是通过名言进行包装，不但容易让人记忆，而且可以让

人体会到出征前的那种信心和情绪。主题是"出海计划——×××种子公司业务走进'巴基斯坦'"，第一部分是为什么做，第二部分是希望公司提供的支持，第三部分是方案介绍。包装后如图 9-49 所示。

出海计划
——×××种子公司业务走进 "巴基斯坦"

万事俱备待"东风"
目前是最佳时机

招兵买马备"良种"
需要公司支持保障

胸有成竹图"巴业"
具备完善开发方案

图 9-49　出海计划——×××种子公司业务走进"巴基斯坦"

以上是四种包装的方法和案例，那么，现在可以回答本节一开始提出的问题了吗？"停""缺""得"这种表述方式，是典型的简化包装方法。在线下课上列举这个案例时，有很多学员会想到另一种表述方式，叫"挺""缺""德"。借助谐音，用诙谐幽默的方式引出自己的主题。那么，它就不是简化了，而是借用了词语，使用的是整合"上"包装的手法。

第三节　课堂实例呈现

在培训课上、在训练营里、在微项目中，每组学员都会选择一个自己工作中使用的主题，主题选择范围很广，包括给客户提供的项目提案、工作汇报、主题分享等。在课程现场，培训师采用一步一练的方式带领大家进行现场演练和点评，最终形成包括主题、结构和核心部分的 PPT 等实际成果，基本上完成一个表达内容的框架。图 9-50~图 9-57 是在训练营和微项目中，部分学员基于本书标准在最后的形象表达做演示环节制作的 PPT。

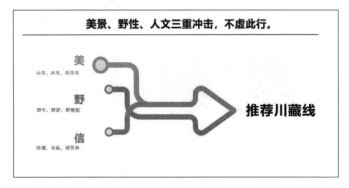

图 9-50　简化 PPT1

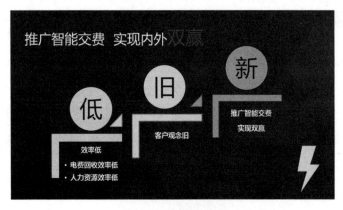

图 9-51　简化 PPT2

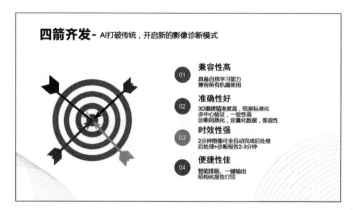

图 9-52 类比 PPT1

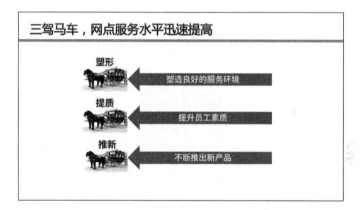

图 9-53 类比 PPT2

图 9-54 整合 PPT1

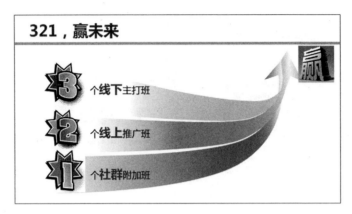

图 9-55　整合 PPT2

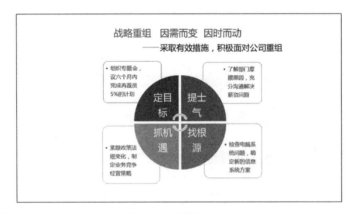

图 9-56　引用 PPT1

图 9-57　引用 PPT2

尽管限于本书和对应的课程，并未对 PPT 的美化等进行深入展开，但无论是线下培训还是线上学习，都可以依据本书所给出的结构化、形象化的原则与方法，为自己量身打造一份远超自己过往水平的演示文本。这就是结构思考力可以为你带来的可见的改变。

结构思考力体操

第五步：形象表达做演示

将上一章练习中已经明确定好顺序的金字塔结构图，运用本章学习的内容按照标准和方法对一级目录进行卖点包装，并绘制一部分 PPT。

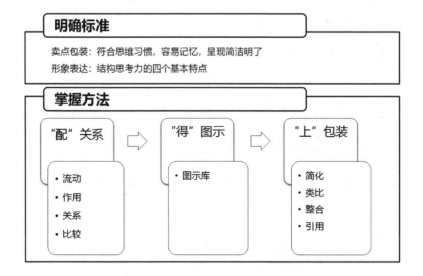

写在最后

很多读者都会问我：如何才能在阅读了本书、理解了结构思考力的基础上，锻炼自己的结构化能力？我往往会对他们说："重要的事情说 3 点！"这是在结构思考力学习社群中的一个日常动作（见图 10-1）。

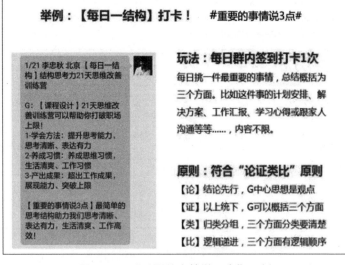

图 10-1　"重要的事情说 3 点"示例

从一个更加落地的角度看，甚至可以说，只要用"3"来思考就能变成有能力的人。

Why："重要的事情说 3 点"首先会让对方觉得你很有能力

你有没有遇到过突然被问到一个问题而变得非常慌乱的情况？

> 贵公司的产品与竞争对手 A 的产品相比有什么优势呢？

> 这个嘛……在产品功能方面就有很大差别，我们公司的产品功能更多。而价格方面……是差不多的。但是考虑到对环境的影响，还是我们产品更优秀一些。而且我们的售后服务也更好。

这样的回答只会让顾客产生怀疑。那么，我们该怎么回答呢？

第一，直接说出"3 点"，让别人觉得你思路清晰

正确答案是这样的。

> 我们公司产品的优势有以下 3 点：
> 第一，与 A 公司的产品相比，我们的功能更多……
> 第二，环境方面……
> 第三，售后服务方面……

最重要的一点是，当对方向你提问时，立刻就回答出"3 点"，这样才能给对方留下"脑子转得很快"的印象。不管你是不是想到了具体的优势，总之先说出"3 点"，然后一边解释一边思考具体有什么优势。当然，做到这样则需要配合大量结构思考力的训练（这个稍后介绍）。

第二，一下子说出"有 3 点"，让你看起来自信满满

最开始就说出"有 3 点"，也证明了你很有自信。这种表达方式特别适合资历浅的人向重量级人士表达时使用。还以上面那个例子来说明。你跟客户的经理侃侃而谈没问题，但如果遇到客户的总裁这种强大的对手，可能就会害怕而使大脑一片空白。但是这时可不能张皇失措，要用干脆利落的语气言道：

有 3 点！

然后说：

第一是功能多。具体来说……

第二是低成本。也就是说……

第三是非常安全。可以说……

客户的总裁听到这样的回答，也会很满意。切记，在说"有 3 点"的时候一定不要有任何犹豫。也许，你会问：为什么不是"2"或"4"，而是"3"？如果跟对方说"有 2 点"，对方会产生些许缺失的感觉。如果说"有 4 点"，对方会觉得过多不容易记住。所以，想要准确传递信息，必须搞清楚对方的心理。

第三，说出"有 3 点"后，对方会更认真倾听

如果你跟客户说"对比 A 公司产品的优势，我公司产品主要包含以下三个方面……"，他可能更愿意听下去。如果你说"对比 A 公司产品的优势，我公司产品主要包含以下八点……"，估计他一下子就"疯"了。

为什么要说"3 点"呢？因为"3"最容易让人记住且做到。人类大脑一次性接收信息的量是有范围的，而数字 7 是一个临界值，突破 7 以后就会给记忆造成负担，这也是为什么领导讲话常常习惯于讲 3 点。

What：核心根源在于背后运用了结构思考力

如果你觉得上面分享的三点只是一些简单的对话或表达技巧，就大错特错了。

背后隐藏的是一个人的结构思考力，也就是说，说话的方式和思考的方式是表里如一的。换句话说，擅长说话的人一定擅长思考。

例如，在说一些逻辑性强的话题时，横向上不能出现话题的遗漏和疏忽，纵向上必须扩展想象空间、挖掘思考深度，这样才能达到一上来就能说出"有 3 点"的境界，也就是要符合结构思考力的四个核心原则（见图 10-2）。

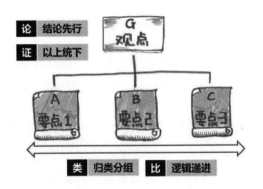

图 10-2　结构思考力的四个核心原则

- 论：结论先行。不仅指观点（中心思想）是结论，其下面的三个要点也是结论，它们下面的内容也要结论先行。
- 证：以上统下。观点不仅是结论，而且要完全概括下面的三个要点。
- 类：归类分组。三个要点的分类要符合 MECE（相互独立、完全穷尽）原则。
- 比：逻辑递进。三个要点要有逻辑顺序，如时间、结构、重要性等。

按照此原则设计的打卡模板如下：

1/21 李忠秋 深圳【每日一结构】结构思考力 21 天思维改善训练营

G:【方案设计】结构思考力，版权课程包对企业来说收益很高

1. 降本：转外训为内训，降低培训成本。

2. 增效：培养内部讲师，增强培训效果。

3. 促绩效：传承组织智慧，提高文案质量。

【重要的事情说 3 点】最简单的思考结构助力我们思考清晰、表达有力、生活清爽、工作高效。

打卡内容不限，可以是一天工作中最重要的一件事，如工作安排、工作汇报、学习心得、解决方案、家人沟通等。

How：养成结构思考的习惯需要一个循序渐进的过程

在《习惯的力量》一书中，作者提到每个习惯有三个组成部分：触机（cue），让你的行动开展；跟该触机直接相关的"奖励"（reward）；惯性行为（routine），就是我们所看到的习惯性行为——触机下我们想起了那个难以抵抗的诱惑，于是习惯性的行为就出现了。怎样运用这样的方法培养出结构思考的习惯呢？

第一，为完成这个行为找到自己的"奖励"

你所选取的奖励要使自己产生某种"渴望"（craving），否则没效。这个奖励可以是实时的，也可以是长期的。例如，我坚持跑步，实时的奖励就是跑完发朋友圈去展示自己的成果。尽管这样做有点虚荣，不过确实激励了我坚持跑步。长期的奖励是什么呢？就是有一天我老婆跟我说，最近不愿意跟我合影了，说我太胖了，所以我得努力……因此，除了我们给大家每日打卡积分的奖励，大家也可以给自己找到

更好、更直接的奖励。

第二，给自己设立一个触机，要简单易行

触机产生后，就要开始行动。例如，只要在外地出差，下课有空余时间，我就去跑步刷圈，这已经形成习惯。那么，"每日一结构"打卡的触机可以更简单。例如，"工作安排"类的可以在早上一起床就总结，"学习心得"类的可以在读完书后随时总结，"工作表达"类的可以设定在每次正式场合发言时用 3 个方面去总结，"解决方案"类的可以设定每次写 PPT、写文章、写总结时触发 3 件事等。例如，我经常会有一些打卡内容是在制作 PPT 和写文章时，触发了 3 件事这个行为。例如：

Why："重要的事情说 3 点"首先会让对方觉得你很有能力

1. 直接说出"3 点"，让别人觉得你思路清晰
2. 一下子说出"有 3 点"，让你看起来自信满满
3. 说出"有 3 点"后，对方会更认真倾听

当找到简单的触机后，你就会发现"每日一结构"变得非常简单，你甚至可以"每日三结构""每日四结构"。所以，大家不用要求自己每天早上起来就打卡，可以在全天的任何时间里，只要出现一个触机，就启动 3 件事原则，然后再来打卡。所以，不要把在群里打卡当作目的，这只是你找到触机后所产生的自然行为。

第三，坚持在触机和奖励之间，建立"说 3 点"的行为习惯

重复"说 3 点"这一行为，不仅要重复行为本身，还要一次一次地强化自己的渴望感，最终让触机不仅触发行动，更触发对奖励的渴望感。

想要养成一个科学的思考习惯，最重要的是要拥有意志力，因此要想办法获取坚持的力量。这也是我们鼓励大家加入打卡小组，甚至参加训练营的原因，希望大家建立深入的链接，互相加油打气，知道在这条路上不是自己一个人。当看到别人能坚持时，我们也能增强自己做到的信心。除了每日打卡，还有每周标准任务、实践任务，这都需要小组成员互相激励、互相影响。

最后，在前期撰写每日 3 件事时，不用刻意要求一定符合"论""证""类""比"。思维习惯的养成是一个过程。随着每周在线视频课的学习和讨论，你对结构思考力的理解会越来越深入，那么你在写 3 点时会有更深刻的感悟。对这方面的内容就不做详细介绍了，留给大家去感悟，并期待大家的分享。

参考文献

[1] 芭芭拉·明托. 金字塔原理[M]. 汪洱, 高愉, 译. 海口: 南海出版公司, 2010.8.

[2] 爱德华·德·波诺. 比知识还多[M]. 汪凯, 王以, 译. 北京: 企业管理出版社, 2004.6.

[3] 伯尼斯·麦卡锡, 丹尼斯·麦卡锡. 自然学习设计——面向不同学习风格者差异施教[M]. 陈彩红, 庄承婷, 译. 福州: 福建教育出版社, 2012.11.

[4] 胜间和代. 创造商业头脑的 7 种框架力[M]. 传神联合翻译公司, 译. 北京: 化学工业出版社, 2009.10.

[5] 布朗, 基利. 学会提问[M]. 吴礼敬, 译. 北京: 机械工业出版社, 2013.1.

[6] 大前研一, 斋藤显一. 问题解决力: 成为善于解决问题的优秀员工[M]. 李颖秋, 译. 北京: 中华工商联合出版社, 2009.10.

[7] 博诺. 六顶思考帽[M]. 冯杨, 译. 太原: 山西人民出版社, 2008.3.

[8] 亚历克斯·络伊, 菲尔·胡德. 困境中的决策力: 解决最棘手问题的 2×2 思维方式[M]. 解云波, 高彩霞, 译. 北京: 中国人民

結構思考力│STRUCTURED THINKING

大学出版社，2011.8.

[9] 西村克己．逻辑思考力[M]．邢舒睿，译．北京：中国人民大学出版社，2013.7.

[10] 高杉尚孝．麦肯锡教我的写作武器：从逻辑思考到文案写作[M]．郑舜珑，译．北京：北京联合出版公司，2015.5.

[11] 王友龙．图解金字塔原理[M]．北京：化学工业出版社，2011.12.

[12] 吕克·德·布拉班迪尔，艾伦·因．打破思维里的框：激发创造力只需五步[M]．林琳，译．北京：机械工业出版社，2015.6.

版权课程产品体系与服务体系

以结构思考力®为核心的产品体系

产品体系：结构思考力®系列版权课程为3门独立的版权课程，以"改善国人思维，提升企业沟通效率"为目标。

服务体系：线上线下相结合的系统化"思考力"解决方案。

结构思考力研究中心服务体系包括视频课、训练营等线上产品，以及公开课、内训、学习项目、版权认证等线下课学习形式，逐步形成了以高质量的培训课程为基础，以高切合的师资团队为核心的产品结构和服务模式，为客户提供优质解决方案。

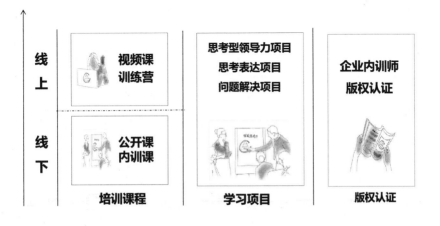

结构思考力®

（全新升级版）

思考清晰·表达有力·生活清爽·工作高效

练习册

结构思考力研究中心
STRUCTURED THINKING CENTER

概 述

身处易变、不确定、复杂和模糊的VUCA时代，如何培养出具备独立思考和解决问题的人才，成为企业人才培养的核心。然而，现状却往往不尽如人意：

场景1　思考事情，毫无主见

公司经营指标和业务盈利水平逐年下降，同时用工和运营成本等固定成本不断上升。为了保持业务的可持续发展，我们面临的选择是：在现有业务基础上通过开源节流来控制成本，还是拓展新业务以寻求更好的发展机会。

场景2　沟通表达，杂乱无章

洋洋洒洒地撰写了几十页的PPT报告，并在会议上滔滔不绝地讲了30分钟。尽管信息量丰富，但内容却让人难以理解，导致会场上一片寂静——这意外地解决了台下人员的失眠问题！

场景3　问题解决，无从下手

下周需要向老板汇报一个关于如何提升客户满意度的方案。然而，到目前为止，还没有收集到足够的有价值信息，也未能明确问题的具体原因。更不用说找出解决方案，以及汇报详细的推进计划了。

---

1. 如何在第一时间把握思考问题的关键？
2. 如何在短时间内清晰地表达观点，并有效地说服他人？
3. 如何在解决问题时，避免陷入两难的境地和纠缠不清的状态？

除了传统的"领导力"培养，"思考力"培养成为VUCA时代下企业人才培养的新趋势。

第一部分

结构思考力的核心理念

练习册

思考清晰·表达有力·生活清爽·工作高效

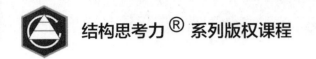 
第一章 结构思考力，作用非凡

本章主要内容
掌握结构思考力的核心理念，三层次模型

思考清晰·表达有力·生活清爽·工作高效

我思故我在。——笛卡尔

结构化思考强调先总后分的立体化思维

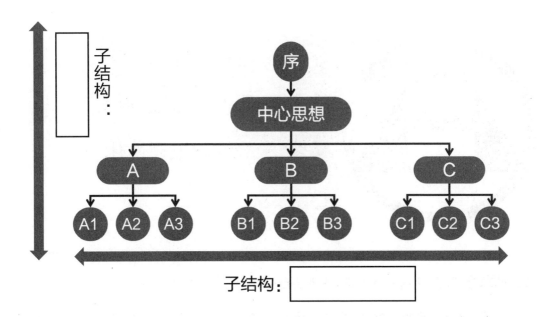

Note：

结构思考力的内涵

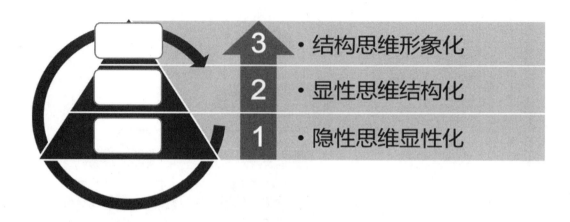

3 ・ 结构思维形象化

2 ・ 显性思维结构化

1 ・ 隐性思维显性化

结构思考力是一种帮助人们察觉并改善自身思考结构的艺术。

通过**结构思考力**"**理解、重构、呈现**"循环方法的运用，我们可以从结构的视角更全面、清晰地看待和认知事物，有效改善思考质量。

Note：

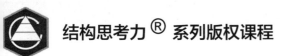

第二部分

结构思考力的方法

练习册

思考清晰·表达有力·生活清爽·工作高效

第二章 理解

隐性思维显性化

思考清晰·表达有力·生活清爽·工作高效

思考是人类最大的乐趣。——布莱希特

理解：识别概括技术的三步骤

第一步 **识别**

第二步 **判断**

第三步 **概括**

Note：

工具 1 结构思考力识别、概括技术应用表

步骤	要点	收集信息	提示
识别	结论		确认哪个观点是结论 线索1：寻找结论的指示词 线索2：关注几个重要的位置 线索3：问一问"所以呢"
	理由		找出支持结论的理由 线索1：寻找理由的提示词 线索2：问一问"为什么呢"
	事实		找出支持理由的事实 线索1：具体的数据 线索2：具体的事例 线索3：在理由的基础上再问"为什么"
判断	结构图		判断事实、理由、观点的对应关系 画出结构图
概括	一句话 概括		一句话概括所有内容 例如：在＿＿＿的基础上，从＿＿＿、 ＿＿＿、＿＿＿等方面说明了＿＿＿。

工具 2　结构思考力识别、概括技术线索表

一、确认哪个观点是**结论**（作为信息接收者想要知道对方到底想要表达什么，就要明确其表达的结论。）

线索 1：寻找结论的指示词		线索 2：关注几个重要的位置
因此	表明	表达的开头、结尾
由此可知	由此得出	文章段落的开头及结尾处
因此可以断定	我要说的重点是	**线索 3：问一问"所以呢"**
显示出	证明	
告诉我们	问题的实质是	尝试着问自己："所以对方想要表达的结论是什么呢"
所以		

二、找出支持结论的**理由**

（理由首先也是一个观点，是解释结论为什么可以被认可，它告诉我们为什么可以相信这个结论。）

线索 1：寻找理由的提示词		线索 2：问一问"为什么呢"
由于	因为这个原因	找理由是已经确认了结论是什么找对应的理由，所以
因为这个事实	鉴于	才可以尝试着问"为什么呢"
有以下材料支撑	因为证据是	
调研显示	第一、第二、第三	

三、找出支持理由的事实

线索1：**具体的数据**

线索2：**具体的事例**

线索3：**在理由的基础上再问"为什么"**

第三章 重构

显性思维结构化

本章主要内容

显性思维结构化，重构思考结构，使其更加符合客观环境

思考清晰·表达有力·生活清爽·工作高效

仅仅做好事是不够的，还必须采取正确的方式。——约翰·莫利

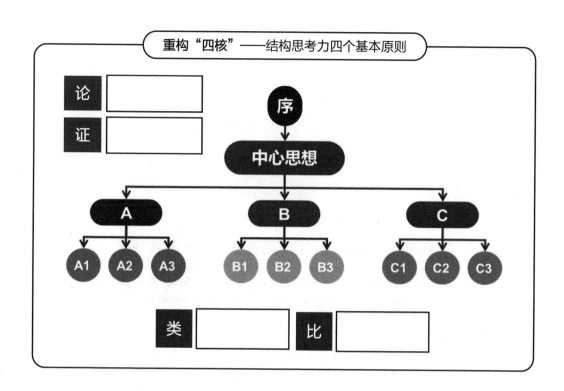

重构"四核"——结构思考力四个基本原则

Note：

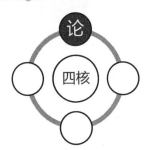

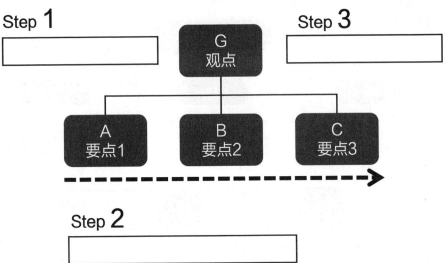

Step 1

Step 3

Step 2

Note：

结论在上，理由在下，结论和理由相联系

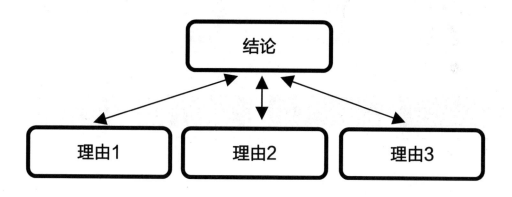

Note：

M E C E

| Mutually | Exclusive | Collectively | Exhaustive |

Note：

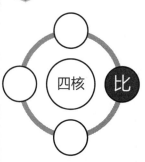

时间顺序	
结构顺序	
重要性顺序	

Note：

第四章 呈现

结构思维形象化

本章主要内容

运用形象化方式传递思考结构

思考清晰·表达有力·生活清爽·工作高效

屋中有画，等于悬挂了一个思想。——雷诺兹

呈现三步骤

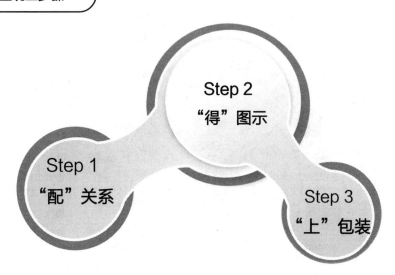

Note：

工具 3 结构思考力 "图表罗盘"

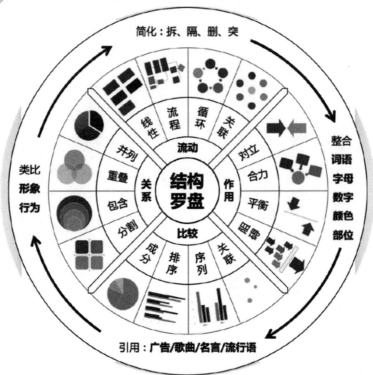

Note：

工具4　结构思考力形象呈现技术应用表

步骤	成果	提示
第一步 "配"关系		首先，明确表达的观点或结论
第二步 "得"图示		其次，根据结构思考力图表罗盘确定图标模式： ➢ 流动模式 ➢ 作用模式 ➢ 比较模式 ➢ 关系模式
第三步 "上"包装		最后，对照图示库选择合适的图示，或者基于确定的模式自行设计

第三部分

结构思考力的应用

练习册

思考清晰·表达有力·生活清爽·工作高效

第五章 描述问题定方向

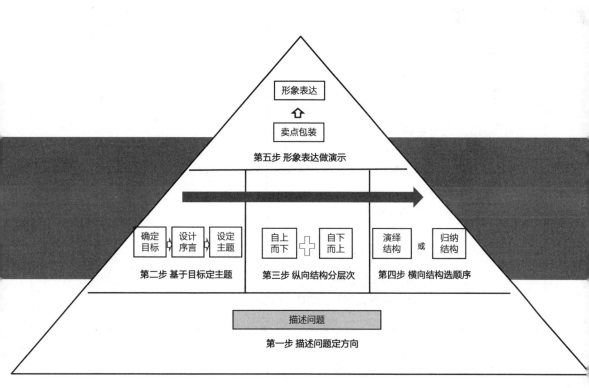

思考清晰·表达有力·生活清爽·工作高效

人很大的兴趣就是感觉一步一步地往自己设定的目标方向去努力。

—— 柳传志

工具 ⑤ 5W2H描述问题

对问题的解决方案: _____

5W2H框架	参考问题	对问题的描述
What	什么事情出了问题? 什么问题?	
When	什么时候发生的?	
Where	在哪里发生的?	
Who	谁的责任?	
How much	多少事物出了问题? 问题出到什么程度? 数量如何?	
how	如何造成这个结果的?	
why	造成这个结果的原因是什么?	

第六章 基于目标定主题

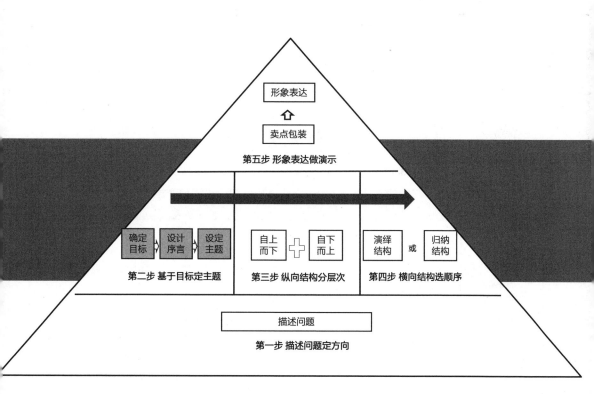

思考清晰·表达有力·生活清爽·工作高效

无目标的努力，有如在黑暗中远征。

—— 英国谚语

1.用AB法则，确定目标，让表达有的放矢

AB法则，确定目标

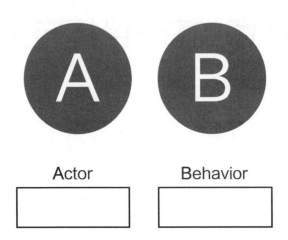

Actor

Behavior

工具 6 确定表达目标

项目	内容	提示
Actor 受众		表达对象是谁？
Behavior 行为		希望受众做出哪些行为改变？
完整的目标		

2.用故事模式，设计序言，让表达更吸引人

用SCQA搭建讲故事的序言结构

☐	S	situation（原本稳定的状态描述）
☐	C	complication（颠覆现状、发现问题）
☐	Q	question（选出待完成的重要课题）
☐	A	answer（提出假设性解决方案）

序言结构的四种模式

标准式	S情境	C冲突	Q疑问	A方案
开门见山式	A方案	S情境	C冲突	
突出忧虑式	C冲突	S情境	A方案	
突出信心式	Q疑问	S情境	C冲突	A方案

Note：

3.用SAP原则，设定主题，让表达观点明确

SAP：包装主题的三个原则

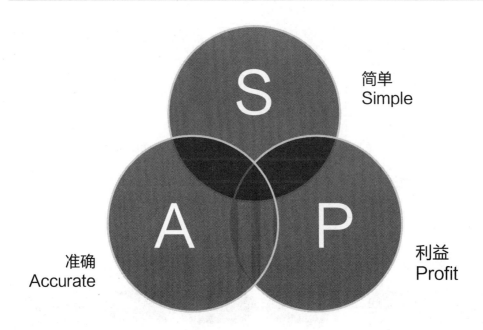

简单
Simple

准确
Accurate

利益
Profit

工具 7 设定主题SAP优选矩阵（0~5分）

备选主题	简单 Simple	准确 Accurate	利益 Profit	总分

第七章 纵向结构分层次

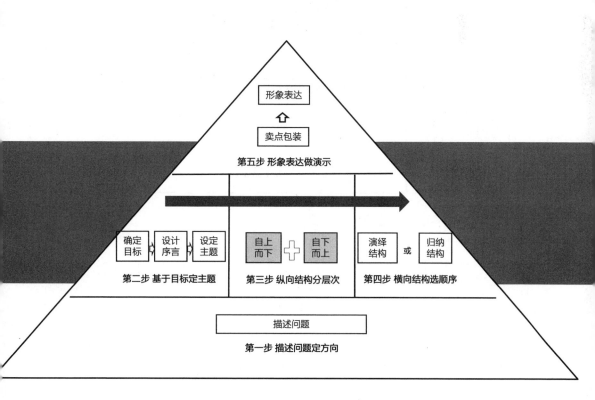

思考清晰·表达有力·生活清爽·工作高效

一花独放不是春，万紫千红春满园

1.自上而下疑问回答做分解

步骤 1 设想问题，从对方角度出发的新模式

设想问题的5W2H问题框架表

5W2H	参考问题	从受众角度设想的问题
What	是什么？目的是什么？ 做什么工作？……	
How	如何做？如何提高效率？ 如何实施？方法怎样？……	
Why	为什么？为什么这么做？ 理由何在？原因是什么？ 为什么造成这样的结果？……	
When	何时？什么时间完成？ 什么时机最适宜？……	
Where	何处？在哪里做？从哪里入手？ ……	
Who	谁？由谁来承担？谁来完成？ 谁负责？……	
How much	多少？做到什么程度？数量如何？ 质量水平如何？费用产出如何？	

Note：

1.自上而下疑问回答做分解

步骤 2 回答问题，提前想好答案事半功倍

自上而下"疑问/回答"式的步骤

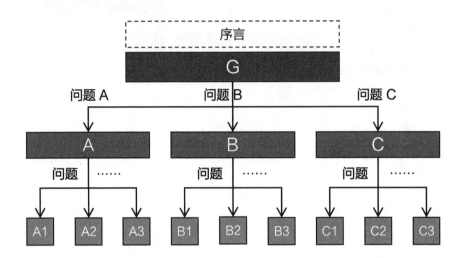

Note：

_____

_____

_____

_____

_____

2.自下而上概括总结做聚合

自下而上"概括/总结"式的步骤

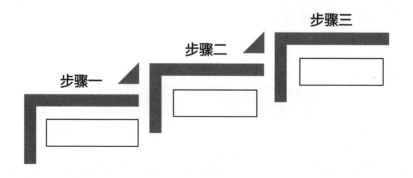

Note：

工具 8　自下而上"概括/总结"

步骤	内容	提示
收集信息	· 　要点1： · 　要点2： · 　要点3： · 　要点4： · 　要点5： · 　……	
分类		**描述性概括**：事物具有的共同属性 **行动性概括**：行动产生的共同结果
概括总结		有中心思想的主题句

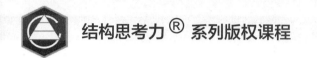

第八章 横向结构选顺序

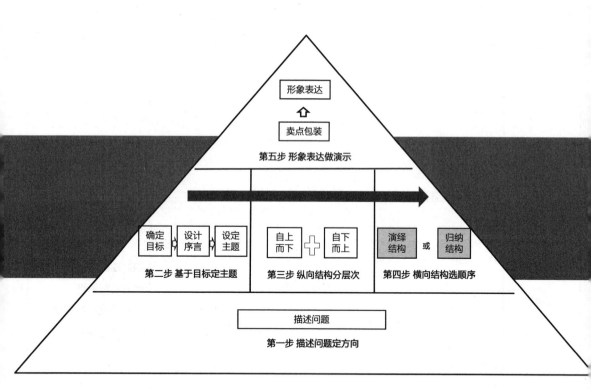

思考清晰·表达有力·生活清爽·工作高效

不合乎逻辑的观点只需一根绳索就可将它绞死。

—— 比勒尔

演绎结构

演绎结构是从普遍性的理论知识出发，去认识个别的、特殊的现象的论证推理方法。

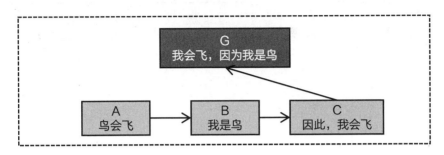

归纳结构

归纳结构是从许多个别的事物中概括出一般性概念、原则或结论的推理方法。

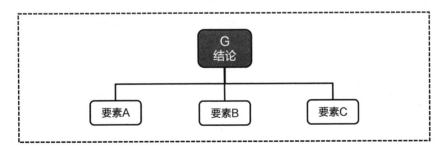

1. 选择演绎，让说服更有力

演绎结构

标准式： 大前提 ➡ 小前提 ➡ 结论

常见式： 现象 ➡ 原因 ➡ 解决方案

Note：

2.选择归纳，让要点更清晰

归纳结构的三种程序

归纳论证
的子结构

- 时间顺序
- 结构顺序
- 重要性顺序

归纳论证的两种分类方法

开放式分类 ＋ 封闭式分类 ＝ 分类

Note：

第九章 形象表达做演示

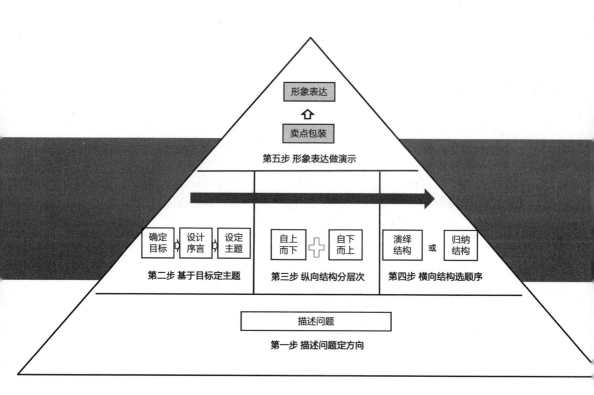

思考清晰•表达有力•生活清爽•工作高效

一个人必须知道该说什么， 一个人必须知道什么时候说，

一个人必须知道对谁说， 一个人必须知道怎么说。

—— 彼得 · 德鲁克

形象表达三步骤

| "配"关系 | → | "得"图示 | → | "上"包装 |

Note：

1.整理流程的流动模式，选择流动模式的关系

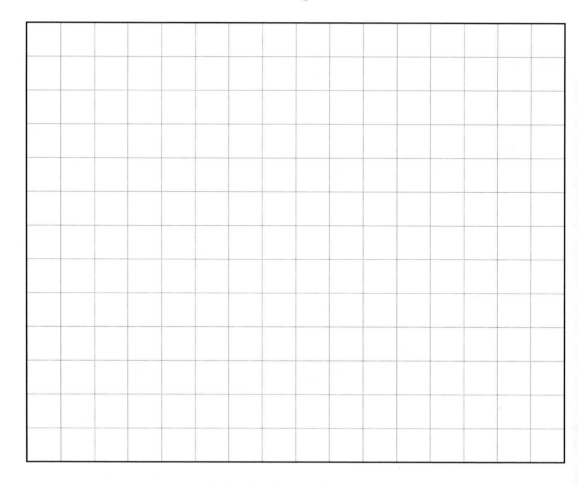

2.动态变化的作用模式，选择作用模式的关系

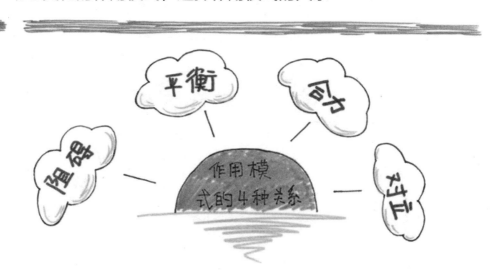

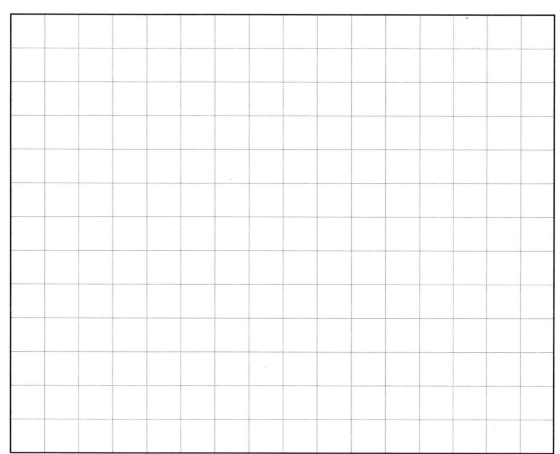

3.要点清晰的关系模式，选择关系模式的关系

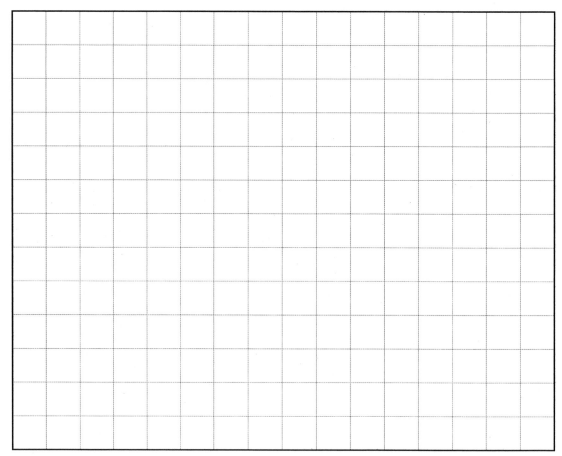

4.数据说话的比较模式，选择比较模式的关系

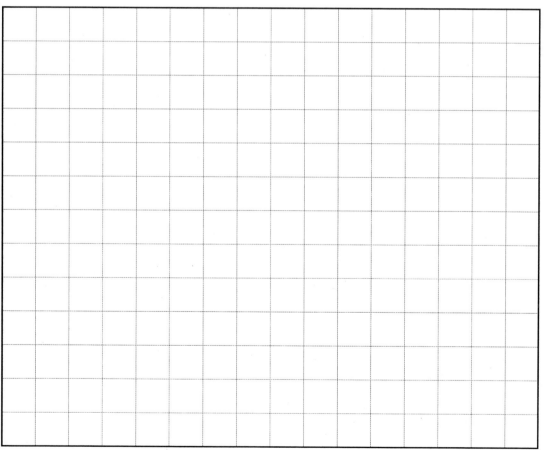

对金字塔结构图中的每个要点、节点进行形象化包装

用简化、类比、整合、引用等方式包装卖点

阅读推荐——结构思考力®系列丛书

《结构思考力 》全新升级版

李忠秋 著

电子工业出版社

2022年3月出版

《结构思考力II 》

李忠秋 著

电子工业出版社

2021年9月出版

《结构思考力 》

李忠秋 著

电子工业出版社

2014年9月出版

《结构化工作法 》

李忠秋 齐海林 著

电子工业出版社

2022年12月出版

《透过结构看世界 》

李忠秋 著

电子工业出版社

2015年8月出版

《结构表达力》

李忠秋 齐海林 张学敏 等著

电子工业出版社

2023年8月出版

《重要的事情说3点 》

结构思考力学院 审校

电子工业出版社

2016年4月出版

《结构学习力 》

李忠秋 著

电子工业出版社

2023年8月出版

思考清晰·表达有力·工作高效·生活清爽

结构思考力研究中心定位为实效企业思维培训品牌，2014年由李忠秋老师创立，初创时为"结构思考力学院"，2021年更名为"结构思考力研究中心"，专注于"结构思考力®"系列版权课程的开发与运营，为企业提供以"结构思考力®"系列版权课为核心的企业沟通效率提升培训方案。

标志	课程标题	课程天数	课程收益
	结构思考力®——透过结构看思考表达	2天	• 口头及文字表达，更明确严密，有效说服他人 • 结合实际工作场景案例，现场产出工作报告、方案等
	结构思考力®——透过结构看问题解决	2天	• 能够对"问题"进行系统思考，并找到解决方案 • 找到解决问题的"关键逻辑"，设计可行的方案，制订实施计划

结构思考力研究中心（北京思考力管理咨询有限公司）

北京总部：北京市海淀区财智国际大厦A座1805

上海公司：上海市静安区恒汇国际大厦7楼

深圳公司：广东省深圳市南山区卫星大厦1107

公司网址：www.jgskl.com

俞敏洪 / 新东方教育科技集团创始人

李忠秋老师的这本《结构思考力》是一本非常经典的思维能力读物，提供了一套通俗、系统且适合中国企业和中国人思维特点的结构化思维训练方法。每一位想要提升思考、表达能力的企业家、管理者、职场人士和学生都可以读一读。

罗振宇 / 得到APP创始人

什么是结构化思考？我们不需要更多的信息，只需要更多维度的思考框架，就能加深对事实的理解，这就是结构化思考的力量。李忠秋老师的《结构思考力》一书提供了一套通俗、系统的结构化思维训练方法，可以帮助我们想清楚、说明白、做到位！

刘润 / 润米咨询创始人

表达，不是为了让自己说得开心，而是让听的人清楚。如何表达才能让对方更容易理解、更快抓住重点？我们需要具备结构化思考的能力，把杂乱无章的信息结构化。同时，结构化思维可以通过训练获得。李忠秋老师的《结构思考力》一书，提供了一套有效的结构化思维训练方法，值得每一位希望提高思考、表达能力的朋友阅读。

张丽俊 / 创业酵母创始人

在我的心目中，结构化思维是一个人的顶层能力。为什么有的企业家、管理者换了一个行业或接了一项新业务，就做不出成绩？因为他们有的只是很难复用的碎片化经验。李忠秋老师的这本《结构思考力》将教会我们处理复杂事务和信息，形成结构化的知识体系，帮助我们跨越不同行业和不同岗位。

加世纪波小书童企业微信
跟踪更多新书好书资讯

微信公众号：世纪波
新浪微博@世纪波图书

PHEI
责任编辑：杨洪军
封面设计：子鹏语衣
QQ 490845041

ISBN 978-7-121-43044-2

9 787121 430442

定价：69.00元